행복한 **1**등

독서의 기적

행복한 1등, 독서의 기적

초판 1쇄 발행 2011년 5월 10일
초판 6쇄 발행 2013년 11월 1일

지은이 김홍식
펴낸이 이영선
펴낸곳 서해문집
이 사 강영선
주 간 김선정
편집장 김문정
편 집 허 승 임경훈 김종훈 김경란 정지원
디자인 오성희 당승근 안희정
마케팅 김일신 이호석 이주리
관 리 박정래 손미경

출판등록 1989년 3월 16일 (제406-2005-000047호)
주 소 경기도 파주시 문발동 파주출판도시 498-7
전 화 (031)955-7470 | **팩스** (031)955-7469
홈페이지 www.booksea.co.kr | **이메일** shmj21@hanmail.net

ISBN 978-89-7483-468-5 03370

이 도서의 국립중앙도서관 출판시도서목록(CIP)은 e-CIP 홈페이지(http://www.nl.go.kr/ecip)에서
이용하실 수 있습니다.(CIP제어번호: CIP 2011001849)

책읽기 달인의
열혈 독서 교육 지침서

행복한 1등
독서의
기적

김흥식 지음

서해문집

독자 여러분께 드리고 싶은 한마디

필자는 독서 전문가가 아니다. 그저 책을 신나게 읽고 삶을 모두 바쳐 책을 만들고 밤을 새워 글을 쓰고 또렷한 눈망울과 판단력을 가진 어린이·젊은이들을 만나면 한없이 기쁜 평범한 사람일 뿐이다.

그런데 왜 이런 책을 쓰게 되었는가?

책을 왜 읽는지, 책을 읽게 됨으로써 얻게 되는 수많은 이득은 무엇인지, 그리고 어떻게 책을 친구로 삼을 수 있는지 많은 분들이 궁금해하시기 때문이다. 그리고 그러한 방법에 대해 필자가 조금이나마 먼저 깨닫고, 그러한 방법을 통해 우리나라를 이끌어갈 젊은이와 어린이들을 고통의 수렁(게임·폭력·학원·경쟁) 속에서 구해낼 수 있을 거란 용기를 냈기 때문이다.

우리는 독서를 통해 다른 사람과는 다른 놀라운 성과를 거둔 많은 사람들을 알고 있다. 그 성과는 퀴즈 대회 우승일 수도 있고, 창의적 인간일 수도 있으며, 많은 부모님들이 염원하듯 뛰어난 학업 성취일 수도 있다. 그러나 다행스럽게도 독서는 이 가운데 하나만 안겨주지 않는다. 퀴즈 대회 우승과 창의성, 우등상, 더 나아가 나이를 뛰어넘는 판단력과 의젓한 품성, 비판적 사고와 논리적 발표력에 더해 예의와 인성까지, 독서가 안겨주는 성과물은 끝이 없다.

그런 까닭에 어린이들을 지도하는 위치에 있는 많은 분들이 "독서는 마음의 양식"이라는 가슴에 전혀 와 닿지 않는 격언을 아주 오랫동안 중얼거리고 있는지도 모른다.

그러나 '근면' '성실' 같은 교훈이 그 학교에 다니는 아이들에게 아무런 역할을 하지 못하는 것처럼 모든 이들에게 정답은 그 누구에게도 정답이 아닌 것과 마찬가지다. "독서는 마음의 양식"이라는 격언으로는 그 누구도, 심지어 그 격언을 읊조리는 어른마저도 독서의 길로 이끌 수 없다.

왜 그럴까? 실천되지 않은 이론은 현실과 부딪치며 살아가는, 숨 쉬고 생존해야 하는 다급한 사람을 설득할 수 없기 때문이다. 그러니까 결국 누군가를 독서로 이끌기 위해서는 자신이 어떻게 해서 독서의 길로 들어섰고 독서를 통해 어떤 성과를 거두었는지에 대한 실천적 지식을 습득하고 있어야 함은 물론, 누군가가 독서의 길을 거부할 때는 왜 거부하는지를 알아야 하는 것이다.

이 책에서는 교과서에 나오는 독서 이론을 가능하면 배제했다. 그러한 이론은 그걸 통해 자신의 명예를 좇거나 이득을 얻으려는 사람 외에는 아무런 도움도 주지 못하기 때문이다.

그럼 필자가 이 책에 풀어놓으려는 이야기는 무엇일까?

그건 여러 차례의 강연-아이들을 만날 때는 결코 쓰지 않는 단어지만 책이니까 할 수 없이 쓴다-을 통해 1시간으로 정해진 강연 시간을 2시간으로 연장해도, 아니 스스로 더 해달라고 외치던 어린 친구들을 통해 확인된 독서의 즐거움에 대한 이야기다.

필자의 강연을 듣고 그날로부터 컴퓨터에서 손을 뚝 끊고 책을 손에 잡은 초등학교 5학년 어린이 이야기다. 그 친구는 책을 손에 잡은 다섯 달 후, 필자를 만나러 왔다. 그 순간의 감격은 지금도 잊을 수 없다.

'내가 한 친구의 삶을 바꾸어 놓았구나. 아니, 이 친구가 우리 사회를 위해 무언가를 이룬다면 그건 혹시 나 때문일지도 모른다. 그러니 나는 헬렌 켈러를 만든 설리번 선생일지도 모른다.'

이런 허황된 생각도 했다.

이 책은 필자 강연을 듣고 멘토로 삼게 되었다는 내용의 한없이 설레는 글을 필자가 운영하는 출판사 누리집에 올린 친구의 이야기다.

강연을 듣고 선생님을 졸라 방학 기간에 필자 회사를 찾아온 중학생 친구들 이야기다.

　강연을 듣고 다음 강연은 언제 하느냐며 문의를 해 오는, 학원 대신 책을 통해 아이들에게 자유와 자율과 행복과 나은 성적을 선물해주고 싶어 하는 학부형들 이야기다.

　이제 필자의 이야기를 시작하려 한다. 우연히 시작한 독서 이야기를 통해 꽤 많은 친구들이 수동적인 태도에서, 스스로 생각하고 스스로 판단하며 스스로 공부하는 인간으로 거듭 난 모습을 더 많은 친구들에게 전해주고 싶어서 말이다. 그리고 이 볼품없는 작업이 단 한 사람이라도 책을 평생의 친구로 삼아 사회에 이바지하는 사람, 더 행복하고 풍요로운 마음을 가진 사람으로 이끌 수 있다면 더할 나위 없는 기쁨일 것이다.

2011. 봄

차례

1부

독서는
재미로 하는 것

이제 아이들에게 행복함, 즐거움, 인간으로서의 존재감, 그리고 무엇보다도 하루하루가 살아갈 만한 날이라는 것을 알려주어야 한다. 그렇지 않으면 우리나라의 미래는 없다. 청소년 자살률 1위의 오명, 사회적 상호작용 역량 꼴찌에서 하루라도 빨리 벗어나려면 그들을 우리와 동일한 인간으로 대해야 한다.

공부는 왜 하지?

 독서 이야기를 하기 전에 본질적인 질문을 하나 하겠다. 물론 이 질문은 우리 아이들, 그들을 학문적으로 이끄는 교사, 정서적으로 이끌 의무가 있는 부모 모두에게 해당된다.

"공부는 왜 하는 걸까?"

필자가 우리나라 교육 시스템에서 가장 안타깝게 생각하는 것이 '본질적 질문의 부재' 다. 본질적 질문의 부재? 이 무슨 고리타분한 듯하면서도 뚱딴지같은 말인가? 그러나 대한민국 교육을 담당하는 분들이라면 이 여덟 글자를 명심해야 한다고 생각한다. 본질적 질문이란 말 그대로 기본이 되는 질문이기 때문이다.

"공부는 왜 하니?"

"수학은 왜 배우니?"

"음악은 왜 듣니?"

처음 학문을 접하는 아이들에게 이런 질문을 던지는 선생님, 학부모는 흔치 않은 듯하다. 물론 필자가 모르는 분들 가운데는 이런 질문을 통해 아이들의 학습 의지를 확립해주는 분들도 계시리라 믿지만 필자는 어릴 때 이런 질문을 받아본 적이 없다. 선생님들은 그냥 교과서 내용을 가르치기 시작하셨다. 그러니 학교를 졸업하는 순간까지 마음속에 이런 질문이 도사리고 있는 것이다.

"공부를 왜 하지? 난 공부 안 하고도 잘살 자신이 있는데."

"난 요리 공부를 할 예정인데 왜 수학을 배우지? 산수만 알면 될 텐데."

"난 하루 종일 텔레비전과 라디오에서 내가 좋아하는 노래를 듣는데, 왜 음악 선생님은 이런 졸린 음악을 들려주는 것일까? 왜 학교에서 가르쳐주는 음악은 이렇게 괴로워야 하는 걸까?"

그러나 이 책은 교육학 책이 아니다. 그러니 이런 논의는 다음으로 미룬다. 정말 중요한 질문이 있으니 말이다. 다만 말을 꺼냈으니 한마디만 덧붙이겠다. 어디로 가는지도 모르면서 키를 잡는 선장은 결코 안전한 항해를 이끌 수 없다. 선원들 또한 그런 사실을 금세 알게 되고, 이는 지도력에 대한 불신으로 이어진다. 결국 그 배는 무질서 속에 빠지게 되고 온갖 자원만 낭비한 채 침몰하거나 이름도 모르는 항구에 불시착하는 운명에 놓이게 된다.

독서는 왜 하니?

필자가 어린이는 물론 학부모 대상 강연 시에도 빼놓지 않고 강연 첫머리에 던지는 질문이다. 그럼 어린이들은 "저요, 저요!" 하며 손을 들고, 학부모들은 자신만 들릴 정도로 중얼거린다.

"독서는 마음의 양식이니까 마음을 살찌우려고요."

"독서를 하면 다양한 지식을 얻을 수 있으니까요."

"독서를 통해서 창의성을 키우고…"

손을 든 아이들 가운데 몇을 지명하면 나오는 답변들이다. 그러나 이건 아이들의 답변이 아니다. 어른들이 가르쳐준 교훈이다. 그러니 아이들이 독서를 할 리가 없는 것이다.

요즘 같은 시대, 즉 성공과 돈 외에는 그 어떤 것도 인정받지 못하는 시대에 마음의 양식을 얻고 싶은가? 여러분 같으면 독서를 통해 다양한 지식을 얻고 싶은가, 아니면 창의성을 기르기 위해 책을 손에 잡으시겠는가? 필자라도 그런 것 할 시간 있으면 컴퓨터 앞에 앉거나 야구장에 가서 소리를 지르겠다. 안 그래도 지식의 포화 상태에 놓여 머리가 복잡한 현대인에게 웬 다양한 지식?

어른도 듣기 싫은 교훈을 아이들이 듣고 그걸 실천에 옮기기를 바라는 분이 있다면 아이들이 "우리 부모님과는 대화가 되질 않아." 하고 불평을 토로해도 어쩔 수 없을 것이다. 맞다. 우리가 해야 할 일은 아이들을 자신도 가지 않을 길로 억지로 끌고 가는 것이 아니라 아이들에게 행복을 주는 일이다.

필자는 필자가 하기 싫은 일은 아이들에게도 시키지 않는 것을 원칙으로 한다. 반대로 필자가 하고 싶은 일, 즐거운 일만 아이들과 함께하고자 한다.

다시 독서 이야기로 돌아가자.

"또 누구 없니?"

"저~요."

썩 자신 없어하는 친구를 불러 발표를 시킨다.

"재미있어서요."

드디어 옳은 대답, 아이 스스로 생각한 대답이 나온 것이다. 그렇다. 독서는 재미로 하는 것이다. 재미가 없으면 책을 읽을 필요가 없다. 아니, 재미가 없으면 아무리 독서를 시켜도 하지 않는다. 요즘 아이들이 선생님이나 부모님이 시키는 일을 따라서 하던가? 아니다. 그들은 재미있어야 스스로 한다.

어른은 더하다. 이미 학교도 졸업했고 누가 책 읽으라고 시키는 사람도 없는데 사서 고생할 사람이 어디 있겠는가. 책만 펴면 잠에 빠져드는 행복한 사람이 부지기인 이 세상에. 그러니 어른 가운데 독서를 하는 사람이 있다면 존경할 일이 아니다.

"아니, 어쩜 그렇게 책을 읽으세요. 대단하세요."

참 답답하다. 그 사람들은 책이 너무 재미있어서 읽는 것이다. 따라서 대단한 일도 아니고 놀랄 일도 아니다. 다른 사람들이 연속극 주인공과 잘생긴 연예인과 그가 잘 가는 음식점을 소재로 수다 떨고 술집에서 술 마시고 노름에 탐닉할 때, 그들은 마찬가지로 재미로 책을 읽는 것이다. 그러니 그들도 다른 사람들과 똑같이 재미있게 사는 사람일 뿐이다.

그런데 이 논리는 모든 활동에 적용된다. 재미없으면 음악 들을 필요도 없고, 재미없으면 그림 그릴 필요도 없다. 하다못해 재미없으면 공부도 할 필요가 없다.

"그럼 아이들은 매일 게임이나 할 텐데요, 아니면 텔레비전이나 보고. 그러다가 아이들 다 버려놓으시겠어요."

정말 그렇게 생각하는 분들이 너무 많다. 아니, 거의 모든 분들이 그렇게 생각하신다. 하기야 필자도 어려서는 그렇게 생각했을지 모른다. 아주 오래전이라 생각이 잘 나지는 않지만. 그런데 결코 아니다. 위의 생각에서 벗어나기 위해서는 두 가지 이해를 필요로 한다.

아이들은 믿음직스러운 존재다

1) 아이들은 절대 우리가 생각하듯이 바보가 아니다. 아이들도 어른들처럼, 아니 어쩌면 어른들보다 더 합리적이고 현명하다. 그러므로 아이들은 믿음직스러운 존재다.
2) 인간은 바보가 아니다. 인간은 지적 호기심을 갖추었다는 점에서 다른 동물과 구분되는 영장류이다. 따라서 인간이 느끼는 재미는 동물이 느끼는 재미와 다르다.

위의 두 가지 이해는 대부분의 어른들, 특히 대다수 선생님들에게 결핍되어 있다. 그리고 그런 상황에서 아이들은, 어른들이 시키는 대로 행해야 하는 수동적 존재, 어른들이 지적하지 않으면 깨닫지 못하는 판단력 부재의 존재로 여겨지는 게 현실이다. 그러다 보니 학교에 인간은 없고 학생만 있다. 평등은 없고 상하만 있다. 체벌은 있지만 설득은 없다.

그러나 아이들은 어른이 생각하는 것보다 훨씬 뛰어나다. 어른이 거짓말을 하는지 안 하는지, 자기들 앞에서만 옳은 이야기를 하고 돌아서면 돌변한다는 것도 안다. 선생님이 정말 사랑해서 때리는지 그저 폭력을 휘두르는지 확실히 안다. 폭력을 휘두르는 교사일수록 자신이 "사랑하기 때문에 매를 때린다"고 강변한다. 그러면서 21세기 대명천지에 '학생 체벌 금지' 지침 때문에 학교에서 교사의 권위가 무너지고 학습 분위기가 무너지며 급기야 사회의 질서가 무너진다고 외친다.

이런 교사와 교장 선생님, 그리고 그런 주장을 일삼는 교직원 단체에 계신 분들, 체벌 때문에 요즘 교육 현장이 막가고 있다는 선정적인 보도를 일삼는 기자 여러분께 한마디만 하자.

오래전, 그러니까 일본식 교복을 입고 다니던 시절에 갑자기 학생들 머리를 자율화하자는 이야기가 나왔다. 그리고 이어 교복 대신 자유 복장을 하도록 하자는 이야기가 나왔다. 그때 보수적인 분들, 교사들, 언론들의 반응은 오늘날 체벌 금지에 대한 반대보다 훨씬 더했다. 그렇게 자유를 주면 아이들은 온갖 종류의 화려한 옷을 입고 머리는 히피같이 함으로써 교육이 제대로 이루어지지 않을 거라 강변했다. 그러나 결과는?

아무런 문제도 없었다. 아이들은 훨씬 자유롭고 창의적인 인간으로 변했고, 소위 '바리깡'이라 불리던 무기를 들고 아이들의 신체를 폭력적으로 통제·억압하던 방식은 사라졌다(사실은 아직도 어느 구석에선가는 이런 일이 벌어지고 있는지도 모르지만).

자유가 처음 주어졌을 때 인간이면 누구든 어느 정도의 호기심과 함께 두려움을 느끼는 것은 당연하다. 그러나 처음에 발생할지도 모르는 아주 작은 부작용이 두려워 아예 자유를 억압하겠다는 사고야말로 교육 현장에서 가장 멀리 해야 할 편견이다.

체벌 금지로 인해 한동안은 아이들이 더 떠들고 교사의 지도에 저항하는 부작용이 일어날지 모른다. 그러나 1년이 지난 후에는 어떨까?

만일 체벌이 필요하다는 사람들의 의견에 따른다면 2100년, 2200년에도 우리는 체벌을 해야 할 것이다. 이런 분들은 절대 아이들을 믿지 못한다. 더더구나 자신과 같은 인격을 갖춘 인간으로 아이들을 인정한다는 것은 하늘이 두 쪽 날 일이다. 그리고 이런 교사와 학생 사이에서는 건강하고 믿음을 바탕으로 한 교육은 거의 불가능하다. 그저 출석부에 도장 찍기 위해 학교에 나오고 공부는 학원에 가서 한다.

언제까지 이런 학교 현장을 우리 아이들에게 전해줄 것인가?

부모보다 더 뛰어난 판단력과 이해력을 감추고 사는 아이들

부모도 썩 다르지 않다. 자신은 신호등 하나도 지키지 않으면서 '요즘 아이들'이 얼마나 버릇이 없는지 입에 거품을 문다. 정작 자기 자식은 온 시민들의 손가락질을 받는 것도 모르면서. 아이들은 어른의 거울이다. 아래층 아파트 천장이 흔들거릴 정도로 뛰어다니는 아이의 부모는 이기심으로 가득 차 있을 게 분명하다.

그렇다면 참으로 요즘 아이들은 어른들의 불신을 받을 정도일까? 결코 그렇지 않다. 대다수 아이들은 그들의 부모보다 더 뛰어난 판단력과 이해력을 갖추고 있다. 다만 사회적 억압 기제에 의해 제대로 표현하지 못하고 있을 뿐이다. 그런데 이런 능력은 평소에는 가슴의 심연에 감추어두었다가 가끔 기분 좋을 때 밖으로 표출한다. 그럼 자신의 아이를 전혀 이해하지 못하고 있던 부모들은 이런 반응을 보인다.

"아니? 우리 아이가 이런 행동과 이런 표현을? 우리 아이 영재가 아닐까? 분명 영재야. 이게 어디 아이들이 할 표현이냐고."

그렇게 해서 우리나라에는 영재가 차고 넘친다. 물론 다른 아이들이 그런 말을 하면 아이들이 그런 정도 표현하는 것은 당연하다고 여긴다. 자기 아이만 영재의 행동과 사고를 한다. 그러나 그런 반응을 보인다고 영재가 아니다. 모든 아이들은 어른들을 놀라게 하기에 충분한 능력을 가지고 있고, 그렇기 때문에 모두 영재가 될 수 있다. 다만 그들이 영재가 되느냐 안 되느냐는 어른들의 욕심에 달려 있다.

●
필자의 집 책꽂이다. 사진에서 보듯이 필자는 특별한 수준의 책이나 특정 분야의 책을 고집하지 않는다. 읽고 싶은 책이라면 그게 만화가 되었건 전문서가 되었건 동화책이 되었건 가리지 않는다. 어차피 책은 즐거움의 원천이요, 그 즐거움으로부터 지적 성과물이 자동적으로 생성된다는 사실을 확고히 믿기 때문이다.

필자 집 거실 소파에 쌓아놓은 책들. 식사를 한 뒤, 화장실에 갈 때, 새벽에 잠이 안 올 때 등 그때그때 상황에 따라 내키는 책을 집어들어 읽고는 한다.

단언하건대 아이를 자신의 뜻에 맞추어 사육하는 부모와 교사는 전적으로 아이를 위해서가 아니라 자신을 위해서이다. 옆집 예은 이 엄마에게 내 아이 성적 자랑하고 싶어서이고, 옆 반 김선생에게 보란 듯이 우리 반 성적 내세우고 싶어서이다. 그러나 그런 방식은 성공하기 힘들다. 앞서 말한 바와 같이 세상은 다음과 같은 삼단논 법이 지배하기 때문이다.

- 인간은 자율성을 부여받았을 때 능력을 극대화하려는 경향이 있다.
- 철수는 인간이다.
- 따라서 어른이 시키는 대로 행동하는 예은이는 결국 스스로 행하는 철 수에 비해 능력이 떨어지게 된다.

그러니 어른들이 가장 먼저 할 일은, 아이들이야말로 어른들이 믿어도 되는 현명한 존재요, 그들은 우리가 생각하듯이 그저 게임 이나 하고 텔레비전에 나와 막말이나 되풀이하는 연예인들을 숭배 하는 바보가 아니라는 사실을 깨닫는 것이다.

그런데 왜 우리 아이들은 밤낮 게임에 몰두하고 우둔하기 그지없 어 보이는 연예인들에 열광하면서 어른들 속을 썩이는 것일까?

아이들은 어른 하기 나름 – 연속극수능결정의 법칙

"아이들은 어른 하기 나름"이라는 말은 진부하기 그지없다. 그런데도 이 쉽고도 쉬운 만고불변의 진리를 '참으로' 믿는 어른은 거의 없다. 윗물이 맑아야 아랫물이 맑고, 콩 심은 데 콩 나고 팥 심은 데 팥 난다. 그런데 왜 수많은 어른들은 구정물을 흘려보내면서 아랫물이 더럽다고 불만을 늘어놓는 것일까? 왜 콩을 심고 나서 팥떡을 하려고 기다리는 것일까?

어른이 아이들보다 판단력이 떨어지기 때문일까? 아니다. 어른들은 아이들이 가지지 않은 욕심과 망상을 가졌기 때문이다. 구정물을 흘려보내면서 맑은 물을 얻고자 하는 욕심, 콩을 심어도 운이 좋으면 팥이 열릴지 모른다는 망상. 이 두 가지가 아이들을 믿을 수 없는 존재, 게임에서나 재미를 느끼는 존재로 만들고 있는 것이다. 다시 한 번 어른들이라면 직업이 부모이건, 교사이건, 폭력배이건 반드시 받아들여야 할 것이 이 진리다. 아이들은 어른 하기 나름이라는 것.

그리고 필자는 얼핏 보면 황당무계하기 짝이 없는 결론에 도달했다.

"부모가 일주일에 보는 연속극 편수에 따라 아이의 수능 등급이 결정된다."

이를 필자는 '연속극수능결정의 법칙'이라고 부른다. 이 법칙에 따르면 부모가 일주일에 다섯 편의 연속극을 보면 아이의 수능 등급은 5등급이다. 반대로 한 편을 보면? 1등급이다. 그런데 우리나라 공중파 TV 방송국에서 일주일에 하는 연속극 편수는 열 손가락으로도 다 헤아리기 힘들다. 그러니까 아이들이 수능 5등급 이내에 들기도 쉬운 일이 아니다. 물론 예외 없는 규칙은 없으니까 이 원칙을 절대적인 것으로 받아들일 일은 아니다. 그러나 일반적으로 그렇다는 이야기다.

일주일에 연속극 다섯 편 이상 보는 분이라면 연속극 외에도 많은 시간을 TV 앞에서 보낼 것이다. 고3 수험생을 둔 부모가 거의 대부분의 시간을 TV 앞에서 보낸다면 아이 수능 성적에는 별 관심을 보이지 않을 거라는 판단도 썩 그른 것은 아닐 것이다. 물론 아이들을 잘 키우느냐 여부를 수능 성적으로 판단하는 것은 필자가 가장 혐오하는 교육 철학이다. 그렇지만 독서를 많이 하는 아이들은 (거의) 예외 없이 수능 성적이 좋기 때문에 이런 내용을 지적하지 않을 수 없는 것이다.

반대로 아이들은 어른들이 강제로 엇나가게 만들기 이전에는 매우 정직해서 욕심과 망상을 갖지 않는다. 아이들은 자신들이 공부를 덜 좋아해서 좋은 대학에 가기 힘들 거라는 사실을 솔직하게 받아들인다. 그뿐이 아니다. 공부를 하지 않았는데 새벽 기도를 하거나 불공을 드린다고 해서 수능이 잘 나오는 것은 아니라는 사실도 잘 알고 있다. 아이들이 이처럼 현명한 반면 어른들이 얼마나 욕심과 망상에 사로잡혀 있는지를 판단해보아야 한다.

학습능력은 어떻게 형성되는 것일까?

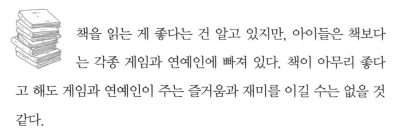 책을 읽는 게 좋다는 건 알고 있지만, 아이들은 책보다는 각종 게임과 연예인에 빠져 있다. 책이 아무리 좋다고 해도 게임과 연예인이 주는 즐거움과 재미를 이길 수는 없을 것 같다.

아이들을 게임과 연예인의 나락에서 구할 수 있는 방법이 정말 있을까? 답은 간단하다. 게임이나 연예 프로그램보다 더 재미있는 것을 아이들 손에 쥐어주면 된다. 그러기 위해서 가장 먼저 해야 할 일이 앞서 말한 바와 같이 아이들을 믿는 일이다. 그리고 아이들의 능력을 인정하는 것이다. 그 어떤 동물도 갖지 못한 지적 호기심을 가지고 있다는 것, 그리고 그를 이용해 더 높은 지적 수준으로 끊임없이 오르려 한다는 사실을.

이번 장에서는 독서가 얼마나 재미있는 것인지, 그리고 혹시라도 독서의 재미를 모르는 분이 있다면 독서의 재미를 어떻게 하면 깨달을 수 있는지를 살펴보고, 인간이 본성으로 갖춘 지적 호기심이란 것이 어떻게 작동하고 그것이 독서와 어떤 관련성을 가지며, 결국 그것이 뛰어난 학습 능력으로 어떻게 연결되는지를 살펴보겠다.

많은 학부모들께서는 독서가 뛰어난 학습 능력으로 어떻게 연결되는지에 가장 큰 관심을 가지실 것이다. 한마디로 말해서, 뛰어난 학습 성과를 가져오지 못한다면 21세기 대한민국에서 그 누가 아이들에게 독서를 권장할 수 있겠는가. 필자는 이에 대한 확신이 있다.

능동적 독서로부터 습득된 학습 능력은 다음과 같은 과정을 거쳐 발현된다.

독서 – 재미 – 호기심 유발 – 자발적 탐구 – 객관적 지식 습득 – 주관적 판단 형성 – 비판력 향상 – 창의성 향상 – 학습 능력 형성

그리고 수동적인 학습 방법인 학습지와 학원을 통해 형성된 학습 능력이 발현되는 과정은 다음과 같다.

지식에 대한 접촉 – 수동적 수용 – 반복 학습 – 암기 – 학습 내용의 내재화 – 학습 능력 형성

어떤 과정을 거치더라도 학습 능력은 형성된다. 그런데 두 과정에 있어서 가장 큰 차이는 바로 비판력과 창의성의 유무에 있다. 그리고 이는 자발적 탐구 과정을 거쳤는가, 아니면 수동적인 수용 과정을 거쳐 지식을 습득하게 되었는가에 따라 결정된다. 그런 까닭에 비판력과 창의성을 향상시켜줌으로써 학습 능력을 형성해주는 방식은 향후 지속적인 지적 활동에 있어서 자발적인 문제 해결 능력과 새로운 지식의 수용과 비판, 그리고 그를 통한 창조적 활동을 가능케 해준다. 반면에 수동적 수용을 통한 학습 능력 형성 방식은 그러한 학습 능력이 요구하는 수준에 도달한 순간, 수용자 즉, 학생들은 더 이상의 지적 활동을 자발적으로 하려 하지 않는다.

현재 우리나라에서 이루어지는 교육을 통해 탄생한 수많은 우등생들이 결국 무비판적이고 수동적인 태도를 갖게 되는 까닭이 여기에 있다. 그리고 이러한 우등생들은 사회에 진출한 후에 어떤 창조적 활동에도 큰 기여를 하지 못한다는 사실이 오랜 기간에 걸쳐 확인되었다. 바로 그것이 최근 들어 기업들이 창의적 인재를 찾아 나선 이유이다.

그러나 안타깝게도 창의적 인재를 찾아 나선다고 이곳저곳에서 창의적 인재가 발견될 리는 없다. 창의적 인재는 오랜 기간, 즉 유아로부터 대학생에 이르는 학습 기간을 통해 서서히 탄생하기 때문이다. TOEIC 900점 스펙은 1년 만에 만들 수 있을지 모르지만 눈에 보이지 않는 창의성을 갖춘 인재는 10년이 걸려야 비로소 한 명이 만들어진다. 이것이 선진국일수록 학원이 아닌 도서관을 만드는 데 엄청난 자금을 투여하는 이유이다. 이것이 선진국일수록 단답형 시험, 전국 일제고사가 아니라 이전 학교에서 활동한 학습·독서·취미·체험·봉사·경험 등 다양한 자료를 통해 학생의 능력을 평가하는 까닭이다. 이것이 우리 아이들을 더 이상 학습지·학원·과외의 볼모로 잡히는 대신 도서관이라는 즐거운 지식의 바다에서 헤엄치며 놀게 만들어야 하는 이유이기도 하다.

그리고 더욱 중요한 사실이자 세상의 모든 학부형들에게 단비와 같은 내용이 있다. 그것은 독서를 통해 능동적 학습을 하는 아이들은 99% 탁월한 학습 성과를 거두는 반면 수동적 학습을 하는 아이들이 거두는 학습 성과는 미미하기 그지없다는 사실이다.

필자 판단에 우리나라 초등학생을 대상으로 학습지와 성적의 연관성에 대한 조사를 해본다면 아마 어른들의 기대와는 전혀 다른 결과가 나올지도 모른다. 무슨 이야기냐고? 학습지를 안 하는 아이들이 하는 아이들에 비해 성적이 더 좋을지 모른다는 것이다. 적어도 필자가 만나본 아이들은 그랬다. 독서를 통해 우수한 성적을 거두고 있는 아이들은 거의 학습지나 학원과는 거리가 있어 보였으니 말이다.

그럼 이쯤에서 우리나라 아이들에게 그 무엇보다, 어쩌면 교육부 장관보다 더 영향력을 행사하고 있는 학습지의 본질에 대해 살펴보기로 하자.

공부를 잘하려면 학습지를 끊어라!

필자는 학부모 강연 또는 어린이·청소년 강연을 통해 현장의 생생한 목소리를 접할 수 있었다. 그러니까 필자는 그 어떤 경우에도 지상담병紙上談兵, 즉 종이 위에서 논하는 병법으로는 전쟁에서 이길 수 없다는 확신을 가지고 이야기를 전개해나가고자 한다. 이는 세상의 모든 문제를 해결하는 데는 책상 위에서 이루어지는 탁상공론卓上空論만으로는 불가능하다는 말이다.

우리나라 초등학교 어린이들이 가장 부담을 안고 있는 문제가 무엇일까? 물론 개개 아이들마다 약간씩 편차는 있겠지만 대부분 학습지와 숙제다. 물론 학교란 단어도 아이들에게 행복을 안겨주지 않는 것은 마찬가지다.

우리나라 아이들이 6년, 아니 중고등학교까지 합치면 12년이라는 세월을 함께해야 하는 학교·학습지·숙제라는 단어가 아이들에게 엄청난 부담으로 자리하고 있는데도, 이 존재들을 당연한 것으로 여기면서 아이들을 그 울타리 안에 가두어놓는 행위야말로 너무 가혹한 일이 아닐까?

이 이야기는 필자가 교육을 전공한 사람으로서 이론을 이야기하는 게 아니다. 강연을 통해 이러한 단어들에 아이들이 거의 알레르기 반응을 보이는 사실을 확인하고 하는 이야기다. 아이들은 지금 이 순간에라도 학습지를 끊을 수 있다면 자신의 많은 부분을 양보할 각오가 되어 있다.

1. "너 학습지 안 해도 되니까 앞으로 공부 열심히 할래?"
2. "너 스스로 공부는 하지 않아도 좋으니까 학습지만이라도 열심히 할래?"

여러분은 위 질문 가운데 어떤 것을 자식에게 던지려는가? 또 아이들은 두 질문 가운데 어떤 질문에 "예."라는 답을 할까? 답은 불을 보듯 분명하다. 왜 이런 쓸데없는 일로 아이들을 괴롭히시는가? 필자는 학부모와 학생이 함께 참가한 강연에서 학습지 이야기가 나오자 뒤에 앉은 부모님 눈치를 보면서도 거의 병적으로 거부감을 표시하는 아이들의 모습을 끊임없이 확인한다.

"보셨죠? 제발 오늘 당장 학습지 끊어주세요."

필자의 말에 아이들은 환호를 보내고 부모님들은 고개를 끄덕일 수밖에 없다. 세계의 지적 선진국 가운데 학습지라고 하는 독특한 형태의 학습 수단―이를 학습 수단이라고 여기는 사람들이 많기 때문에 이렇게 부르는 것이지, 필자가 이것을 학습 수단으로 여기는 것은 아니다. 필자는 이를, 아이들을 어른의 손아귀에 넣어두려는 구속 수단으로 여긴다―이 있는 나라는 필자가 알기로 일본과 그 문화적 속국이 되고자 노력한 한국, 그리고 한국의 글로벌 기업들이 진출한 중국 외에는 찾아보기 어렵다. 사실 중국은 지적 선진국이 아니고 우리나라도 지적 선진국이라고 하기에는 어려우니까 일본만 남는 것인데, 막상 이렇게 적어놓고 보니 일본 또한 과연 지적(경제적이 아니고) 선진국인지에 대해 의문이 드는 것도 사실이다.

결국 세계의 합리적이며 지적인 국가는 이런 억압적 수단을 학습에 차용하지 않는다는 말이다.

아이들이 제 손으로 할 때까지 기다릴 수는 없을까?

독자 여러분께 묻는다.

"여러분 가운데 학교에서 내주는 숙제를 좋아하시던 분이 계십니까?"

있다면 그분 심리 상태를 검사해보아야 한다. 숙제는 그 자체로 피교육생에게 부담이고 억압이다. 숙제는 시행된 학습 내용이 원활하게 수용되고 이해되었는지 확인하고, 그 학습 내용을 바탕으로 새로운 과정으로 나아갈 수 있도록 학습자의 뇌에 각인시키는 긍정적 효과가 분명히 있다. 필자가 이 효과를 무시하거나 모르는 것이 결코 아니다.

그러나 만일 이러한 수단이 혹이라도 학습 활동에 처음 참여하는 아이들에게 다음과 같은 편견을 심어준다면 어떨까?

1. 공부, 즉 학습이란 남이 시키고 남이 확인하는 것이다.
2. 학습은 마감 시간이 정해져 있는 것이다.

공부는 스스로 하는 것이고 하고 싶을 때 열심히 하는 것이 아니라 누군가 시키기 때문에 하는 것, 언제까지 해야 하기 때문에 하는 것이라고 아주 어린 시절, 그러니까 공교육 기관인 초등학교에 입학하면서부터 인식한다면, 그 아이들이 능동적 학습·즐거운 학교의 개념을 갖기 바라는 것은 욕심이다.

그러니까 숙제의 가장 큰 문제는 바로 이 수동성과 시간 제약성이라는 것이다. 두 가지 요소만 없다면 숙제도 아무 문제가 없다. 그런데 이 결정적인 문제점 때문에 숙제 없는 학교가 필요하다는 것이다.

결국 숙제는, 아이들(아니, 인간)이란 능동적으로 학습하지 않는 존재란 가정하에서나 가능한 수단이다. 필자는 이에 대해 분명한 반대 의사를 표명한다.

인간은 능동적으로 학습하는 존재다.

이 점을 받아들이지 않는다면 인간이 오늘날까지 이룩해온 모든 지적 성과와 문명을 어떻게 설명할 수 있을까? 뉴턴에게, 코페르니쿠스에게, 아인슈타인에게, 아리스토텔레스에게, 정약용에게, 김구에게, 스티븐 호킹에게, 헬렌 켈러에게, 베토벤에게, 체 게바라에게, 빌 게이츠에게, 버락 오바마에게, 셰익스피어에게, 피카소에게, 사마천에게 누군가가 공부해라 공부해라, 숙제 해 와라 숙제 해 와라, 하며 다그쳤기에 그들이 오늘날 인류에게 남겨준 성과물이 나왔을까?

인간은 스스로는 학습하지 않는 존재다.

이 말이야말로 인간의 본성과 한참 동떨어진 문장이다. 인간이 스스로 학습하지 않는 존재라면 오늘날의 인류 문명은 없을 것이다. 따라서 학교 입학과 동시에 숙제를 내주는 우리나라 학교와 교사들은 인간의 본성에 대한 이해부터 다시 해야 한다고 필자는 확신한다.

그럼 왜 이 문제 많은 숙제를 아무 고민 없이 내주는 것일까? 여기에는 두 가지 전제 조건이 있기 때문이다.

1. 아이들은 스스로 학습하지 않기 때문에 강제로 학습하도록 해야 한다.
2. 아이들을 학교라는 시스템 안에 순응시키기 위해서는 학교의 권위를 심어주어야 한다.

누가 보아도 위 두 전제 조건은 진실이 아니다. 따라서 숙제는 없어져야 한다. 숙제가 없어져서 우리나라 아이들의 학습 능력이 떨어진다면 필자에게 항의하라. 숙제를 내주어야만 학습 능력이 오를 정도로 수동적인 아이들이라면 공부 잘해야 아무 쓸모없다. 그런 아이들에게서는 높은 점수가 나올지는 몰라도 비판력·창의력·상상력은 기대할 수 없기 때문이다.

숙제 중에도 즐거운 숙제가 있다

그렇다고 모든 숙제가 부정적인 것은 아니다. 앞서도 언급했듯이 인간은 지적 호기심을 타고난 존재다. 따라서 인간인 청소년들의 지적 호기심을 자극하고 작동하도록 만드는 숙제는 아이들에게도 능동적인 도전 의식을 심어준다. 즉, 정답이 없는 숙제는 스스로 탐구하고 상상하며 창의적인 사고를 거쳐 정답을 찾도록 만들어준다. 그러나 정답을 찾는 숙제, 그 가운데서도 반복 학습을 통해 암기하도록 만드는 숙제는 참으로 고통스러울 뿐 아니라 숙제에 대한 부정적 태도를 갖게 할 뿐이다.

결국 조금 어렵더라도 아이들에게 즐거운 숙제를 부과하는 것이 참된 교육의 첫걸음이다. 반면에 반복 학습을 목적으로 부과하는 것은 아이들에게 숙제·학교·학습에 이르는 전 과정을 의무적인 과정으로 각인시키는 부정적 영향을 끼친다. 무엇보다도 조심할 일이다.

가장 부정적이고 고통스러운 숙제

다시 학습지로 돌아가자. 왜 학습지 이야기를 하다가 숙제 이야기를 했을까? 그것은 학습지가 훨씬 부정적이고 고통스러운 숙제이기 때문이다. 숙제는 교사의 판단에 따라 있을 수도 있지만 없을 수도 있다. 불규칙적이라는 말이다. 게다가 교사들은 아이들의 상황·계절·날짜·외부적 상황에 따라 숙제에 대해 유연하게 대처한다. 물론 숙제의 양도 가변적이다.

그런데 학습지는 어떤가? 처음 시작하면 ─ 그 기점이 최근에는 학생이 아니라 유치원생, 아니 유아에게까지 내려간 듯한데 ─ 그때부터 아이는 학습지의 굴레에서 벗어날 수 없다, 단 하루도.

게다가 학습지는 숙제에 비해 규칙적이며 불변적이다. 비가 오나 눈이 오나 바람이 부나, 배가 아프거나 몸 상태가 좋거나, 기분이 좋거나 나쁘거나, 봄이거나 여름이거나, 머리가 좋거나 나쁘거나, 문과적 적성이거나 이과적 적성이거나, 예술적이거나 문학적이거나, 한 번 하기로 했으면 반드시 해야 한다.

언제나, 어떤 예외도 없이 반드시 해야 하는 일이 있을까? 그것도 시간을 정해놓고.

하다못해 밥도 하기 싫으면 외식을 할 수 있다. 설거지? 오늘 하기 싫으면 안 할 수도 있다. 회사 일? 정말 하기 싫으면 내일로 미룰 수도 있다. 물론 이런 일을 하는 사람은 어른이다. 상황 판단이 가능하고 자신의 감정과 행동에 대한 통제가 가능한 존재라는 말이다. 그런 사람도 언제나 어떤 예외도 없이 반드시 시간을 정해두고 해야 하는 일이 평생 존재한다면(아이들은 어른이 된 미래까지 상상하지 못한다. 따라서 그들에게는 평생 해야 하는 것으로 수용된다) 견디기 힘들 것이다.

그런데 왜 그런 일을 당신의 사랑하는 아이에게 강요하는가? 정말 당신의 아이가 공부를 잘하기 바란다면 제발 오늘 당장 학습지를 중단하라!

"당신 아이 아니라고 책임질 수도 없는 말 함부로 해도 됩니까?"

이런 질문이 나올지 모른다.

"아닙니다. 저도 아이 키웠고 고민했습니다. 그렇지만 그건 아니라고 판단했습니다."

왜 필자라고 고민하지 않았겠는가? 그런데 필자는 그 누구의 말도 곧이듣지 않았다. 오직 필자의 경험에 의지했다. 필자도 어려서 갱지에 필사한 학습지를 해본 적이 있었다. 초등학교(그때는 국민학교) 때의 기억 가운데 가장 생생한 게 그 시험지 오는 날이었다. 그걸 하기 싫어서 온갖 짓을 다했다. 그런데 그걸 내 자식에게? 절대 안 된다고 판단했다. 그랬더니 아이 엄마가, "다른 아이들은 다 하는데 우리 아이만 안 하면 어떡해요?"라며 걱정을 했다. 당연한 것 아닌가? 아마 많은 학부형들이 이건 아닌데 하면서도 다른 아이들이 하니까 불안해서 시키는 것이 현실이다.

"내가 책임질게요. 당신은 매일 학습지의 구속에 매이고 싶어요? 왜 자기가 싫은 것을 아이들에게 시켜요?"

그 뒤 재미있는 일이 벌어졌다. 이웃집 아이가 하기 싫어하는 학습지를 우리 아이에게 주었고 우리 아이는 그걸 열심히 풀어서, 그 두 아이 모두 행복해진 것이다. 이건 실화다. 필자의 아이를 통해 경험한 실화다. 그렇게 큰 필자의 아이는 남들이 고개를 끄덕일 정도의 대학교에 진학했다.

시키지 않으면 찾아서 학습하는 존재가 바로 인간이다. 다시 한 번 반복하지만 이에 대한 믿음을 가져야 한다.

학습지는 독서, 아니 학습 최대의 적이다.

학습지가 주는 병폐는 단순히 아이들을 옭아매는 것에서 그치지 않는다. 학습지는 종이에 글씨와 그림이 인쇄된 형태, 즉 책의 형태로 이루어져 있다. 바로 이 점이 문제다. 학습지가 게임처럼 꾸며져 CD 형태로 전달되면 좋겠지만 그렇지 않다.

그런 까닭에 아이들은 학습지 하면 바로 책, 교과서를 떠올린다. 그래서 교과서건 책이건 종이에 인쇄된 형태의 것들은 모두 무언가를 강제로 가르치려는 것, 나를 괴롭히는 것, 나를 옭아매는 것, 부모님이 공부 잘하라고 할 때 사용하는 수단으로 인식한다. 이렇게 해서 아이들은 학습지에서 해방되는 순간, 책이나 교과서 같은 인쇄 매체가 아닌, 영상 등의 다른 대상으로 옮겨간다. 그게 게임이 되었건 TV가 되었건 말이다. 그러니 어찌 학습지를 통해서 아이들이 뛰어난 학습자가 되겠는가. 물론 학습지를 시킴으로써 이런 효과는 가져올 수 있다.

"그래도 내가 부모로서 우리 아이를 위해 뭔가 해주고 있어."

그렇다. 뭔가 해주고 있다. 공부란 게 얼마나 지겨운 것인지를 확실하게 각인시켜주고 있다. 그럼 학습지 회사들은 왜 그리 학습지 판매에 열을 올리는 것일까? 그분들이 우리나라 어린이들의 학습 능력 고취와 비판력·창의력·상상력 확대를 위해 학습지를 보급하고 있을까?

아마도 일본에서 처음 그걸 시작해 성공한 걸 보고 "이거 돈 되겠는걸." 하며 누군가가 들여왔을 것이다. 그런 다음 그 사람이 성

● 휴지로도 쓸 수 없을 이 폐지 같은 책들이 필자가 아이들에게 전해줄 유일한 가보다. 초등학교 5학
년 때 어머니를 졸라 산 위인전인데, 그 무렵 필자 집안은 1년에 고기 맛을 두 번 정도 볼 정도였다.
그러니 이런 책을 사주기 위해서는 맹자 모친보다 더 큰 결단을 내려야 했을 것이다. 그럼에도 어머
니께서는 이 책을 사주셨고, 그에 부응하듯이 필자와 필자의 동생들은 이 책을 위 사진에서 보듯이
온전히 손때로 인해 저 모습이 될 때까지 읽고 또 읽었다. 〈탐험〉 편이 그중 나은 형태를 띤 것은 필
자가 탐험을 썩 좋아하지 않았기 때문이다. 반면에 다른 편들은 보기에도 안쓰러울 정도로 낡은 모
습을 하고 있다.

공하는 걸 보고 다른 사람이 또 시작하고. 그렇게 해서 우리나라는 학습지 왕국이 되었을 것이다. 거기에는 자식 교육에 스스로 참여하는 노력보다는, 남에게 맡겨놓고 "내 할 일은 다했어."라고 치부하려는 학부모들의 나태함도 크게 기여했을 것이다.

이 글귀에 크게 저항감을 느낄 분들도 계실 것이다. 그러나 필자는 그게 사실이라고 여긴다. 그런데 학습지 업체의 광고에 따르면 이렇게 창의적이고 눈높이에 맞고 학습을 재미있는 것으로 만들어주는 학습지 천국 대한민국 청소년들은 OECD 국가 가운데 자살률 1위(믿고 싶지 않은데 필자가 접한 자료에 의하면 그렇다), 반면에 느끼는 행복감은 하위권이라고 한다. 물론 학습 능력은 평균 이상이라고 하지만.

그뿐이랴? 대한민국 청소년들의 '사회적 상호작용 역량', 즉 타인과의 관계 지향성·사회적 협력 능력·갈등 관리 등을 조사한 결과 전 세계 조사 대상 36개국 가운데 35위로 나타났다고 한다. 이 조사는 국제교육협의회에서 전 세계 중학교 2학년생들을 대상으로 조사한 결과인데, 참으로 가슴 아픈 사실이다. 그래 공부 좀 잘하고 영어 좀 잘하는 게 뭐 그리 대수인가. 친구·이웃·사회와 함께 호흡하고 이해하며 협조하는 능력이 세계 최하위권인 우리나라 청소년들이 과연 행복할까? 우리나라 청소년들이 그런 결과를 가져오게 된 이유가 그 아이들 탓일까? 절대 아니다. 우리 어른들이 그렇게 만들었고, 우리 사회가, 우리 교육 기관이, 우리 학부모가 그렇게 만든 것이다.

이제 우리 아이들의 참된 행복을 위해 어른들이 나서야 할 때다. 참된 행복이란 공부를 등한시할 때 찾아온다고 착각하는 어른들이 있기도 한데, 절대 그렇지 않다. 아이들을 믿고 아이들 스스로 공부할 때 아이들은 행복을 느끼고 성적 또한 급상승한다.

학습지 기업들 또한 이제 학습지 광고를 중단할 일이다. 그렇게 소비자 만족도 어쩌고 하는 것을 소중히 여기는 기업가들이니 제발 학습지 소비자인 아이들 대상으로 학습지 수용도 조사라도 한번 해보라. 그리고 소비자들의 과반수, 아니 국회 개헌선인 2/3가 넘으면 학습지를 대한민국 땅에서 폐기하는 게 어떨까?

이제 아이들에게 행복함, 즐거움, 인간으로서의 존재감, 그리고 무엇보다도 하루하루가 살아갈 만한 날이라는 것을 알려주어야 한다. 그렇지 않으면 우리나라의 미래는 없다. 청소년 자살률 1위의 오명, 사회적 상호작용 역량 꼴찌에서 하루라도 빨리 벗어나려면 그들을 우리와 동일한 인간으로 대해야 한다. 청소년 행복도를 선진국 수준으로 올리려면 그들이 즐거워할 것을 접하도록 해야 한다. 아이들은 무조건 공부에 방해되는 것을 하면서 즐겁게 느낄 거라는 편견을 버려야 한다.

그렇게 되는 날, 우리나라 교육이 제자리를 찾을 것이다. 창의적 교육, 자발적 교육, 세상을 스스로 판단할 수 있는 교육이 이루어질 것이라는 말이다.

두 가지 신문의 기적

독서 능력 향상에서 빼놓을 수 없는 것이 신문 읽기다. 사실 신문은 독서 능력 향상뿐 아니라 논술 능력, 글쓰기 능력을 넘어 자기 주장을 논리적으로 표현하는 데도 가장 좋은 수단이다.

신문이 갖는 이점은 이뿐이 아니다. 우선 아침마다 집 앞까지 배달해주는 상품 가운데 이처럼 싼 게 없다. 매일 갖다 주고 한 달에 고작 만 얼마? 참으로 놀랍지 않은가? 작은 상품 하나의 택배비도 수천 원인데 말이다. 게다가 다 보고 난 신문지는 포장지 또는 기타 용도로도 매우 유용하다. 특히 신문에 게재되는 광고 또한 살아가는 데 필요한 정보이다.

그런데 요즘은 이러한 신문을 구독하는 가정이 많지 않다.

"신문 기사를 왜 보아야 하죠? 인터넷에서 온갖 신문 기사를 다 제공해 주는데?"

그러나 종이 신문을 접하는 것과 인터넷 기사를 접하는 것 사이에는 엄청난 차이가 존재한다.

우선 종이 신문에는 정치에서부터 경제, 사회, 나아가 요즘 사람들이 가장 주요하게 여기는 연예와 스포츠에 이르는 모든 정보가 수록되어 있다. 반면에 인터넷에서 우리 사회, 나아가 국제 사회의 변화까지를 다룬 모든 기사를 능동적으로 접하기는 쉽지 않다.

그러나 이보다 더 중요한 차이는 바로 논점의 유무다.

사실 현대사회에서 객관적 사실을 접하는 것은 어렵지 않다. 어떤 수단을 통해서라도 사회에서 발생한 사건은 접하게 되니까. 필자처럼 연예 분야에 관심이 없는 사람도 연예인 아무개가 이사를 갔는지, 자전거 타고 가다 어디서 넘어졌는지 다 안다. 왜냐하면 인터넷 포털 검색어 상위는 늘 연예계 사건이 차지하니까. 그래서 아무리 피하려 해도 눈에 띄는 포털 검색어 때문에 웬만한 사건은 다 알게 된다.

따라서 사건 자체의 내용을 전하는 것이 신문의 역할은 아니다. 게다가 요즘에는 공짜 신문이 나타나 사건 내용을 열심히 전하고 있으니, 일반 시민이 관심을 가질 만한 사건을 알기 위해 돈을 내고 신문을 구독할 필요는 없다.

그렇다면 왜 신문을 보아야 할까?

신문을 안 보는 집에서 자란 아이가 크게 된다?

"신문을 안 보는 집에서 자란 아이야말로 첨단 IT 기술을 수용해 크게 될 것이다."

"오늘날 제가 큰 인물이 될 수 있었던 데는 신문 같은 쓸데없는 존재를 멀리하신 부모님의 역할이 가장 컸습니다."

도대체 이런 주장이 가능할까?

그런데 요즘 사람들이 신문을 보지 않는 이유는 무엇일까? 필자가 사는 아파트에서도 신문을 구독하는 가구는 반수도 안 되는 듯하다. 그러니 필자처럼 네 가지 신문을 보는 사람은 요즘 말로 희귀 동물일지 모른다. 지금은 네 가지 신문을 보지만 아주 오래전, 그러니까 초등학교 다닐 때 필자네 집에서는 다섯 가지 신문을 구독했다. 그 시대에는 조간과 석간이 두루 활성화되어 있던 시대였으니 아침저녁으로 이렇게 많은 신문을 보는 것도 가능했다.

그리고 그 덕분에 필자는 초등학교를 졸업할 무렵, 이미 고등학생 수준의 한자 실력을 갖출 수 있었고(그 무렵 신문은 한자를 무척 많이 사용했다) 돈이 없어서 책은 많이 못 읽었지만 글쓰기에서 괜찮은 실력을 뽐내고 있었다. 물론 독해 능력도 뛰어났다.

어떻게 이런 일이 가능할까?

이게 바로 신문 읽기의 기적이다. 그것도 두 가지 신문 읽기의 기적!

지금부터 신문이 전해주는 기적에 대해 살펴보기로 하자.

신문 읽기가 우리에게 커다란 선물을 전해주는 데는 다음과 같은 이유가 있다.

우선 신문은 특정 사건을 기승전결로 요약해 전해준다. 즉, 단신이 아니라면 세계 각국에서 일어난 사건을 논리적으로 충실하게 요약한 것이 바로 기사다. 따라서 이런 기사를 지속적으로 읽다 보면 글을 읽는 독해 능력 외에 주제 파악 능력, 요약 능력 등 글과 관련된 다양한 능력이 자신도 모르는 사이에 함양된다. 어휘력이 향상되는 것은 이 과정에서 얻게 되는 부산물이고.

또 다른 주요한 장점은 바로 논점 파악이다. 앞서도 잠깐 언급했지만 사실을 나열하는 기사와 논점이 개입된 기사 사이에는 엄청난 차이가 있다. 사실은 말 그대로 사실일 뿐이다. 사실 파악은 머리가 할 일이 아니라 눈이 할 일이다. 우리 눈앞에서 벌어진 사건을 보고 "아, 교통사고가 났구나." 하는 것은 특별한 능력을 필요로 하지 않는다. 반면에 교통사고 현장을 보고 누가 잘못했는가? 법적으로 잘못한 사람이 윤리적으로도 잘못한 것인가, 사고 현장에 행정적인 문제점은 없는가 등을 판단하는 데는 상당한 능력을 필요로 한다. 전자가 사실을 나열한 기사라면 후자는 논점이 가미된 기사인 셈이다.

최근 들어 우리나라에서 간행되는 신문들 사이에는 뚜렷한 논점의 차이가 나타나고 있다. 보수적인 신문부터 친기업적인 신문, 진보적인 신문, 가치중립적인 신문 등이 그것이다. 그런데 대부분의 독자들은 자신의 주장에 부합되는 신문을 선호한다. 당연한 일이다. 자신의 주장에 반대되는 신문을 읽다 보면 화가 나니 말이다.

그러나 교육적인 측면에서는 입장이 다른 두 가지 신문을 구독하는 것이 훨씬 바람직하다.

이념적인 측면을 떠나 사회를 바라보는 시각이 다른 두 신문의 논점을 접하다 보면 당연히 두 가지 상반되는 주장에 대한 평가가 이루어지게 되고, 이를 통해 다른 주장의 약점에 대해 비판할 수 있는 능력이 자신도 모르는 사이에 형성되기 때문이다.

결국 이러한 과정을 통해 신문 구독자는 비판력을 갖추게 되는데, 바로 이 점이 신문이 주는 가장 큰 선물이다.

논술 교육, 두 가지 신문이면 만사 OK!

현실적으로 대한민국 청소년들은 논술이라고 하는 주요한 과제를 접하고 있기도 하다. 그런데 더욱 놀라운 것은 논술 과외라는 게 존재한다는 점이다. 도대체 시험을 몇 달, 아니 며칠 남겨두고 논술 능력을 향상시킬 수 있다는 게 말이 되는가? 논술에 포함되는 요소라면 글 읽기·글쓰기·비판하기·대안 제시하기 등일 텐데, 이런 전 과정을 그 짧은 시간에 해낸다고?

상식을 갖춘 사람이라면 누구나 알 수 있는 사실인데도 자식 교육, 아니 욕심이 작동하면 이런 터무니도 없는 주장조차 받아들이게 된다.

다시 한 번 강조하건대 논술 능력은 그렇게 돈으로 살 수 있는 게 아니다. 논술 능력을 갖추려면 연령을 불문하고 각기 다른 주장을 접한 후 그에 대해 이해하고 판단하고 비판할 수 있어야 한다. 그리고 그런 능력이 한 번 갖추어지면 평생 남을 지도할 수 있다. 반면에 그 능력을 갖추지 못하면 평생 남의 지도에 따라야 한다. 그런 만큼 논술 능력 또한 단시일 내에 기를 수 있는 것이 아니다.

시험을 눈앞에 두고 돈 보따리를 싸들고 고액 과외 선생을 찾아 헤맬 것인가, 아니면 한 달에 3만 원을 투자해 세상 보는 눈도 뜨고 논술 능력도 향상시킬 것인가.

어떤 길을 택할 것인지, 그건 오로지 우리의 몫이다.

2부

즐거운
독서 이야기

독서란 우아한 교양이 아니다. 독서는 남에게 보이기 위해서 하는 것도 아
니다. 따라서 독서에는 필독서必讀書란 게 없다. 반드시 읽어야 할 책이란
없다는 것이다. 내가 읽고 싶은 책, 내가 즐거운 책을 읽으면 된다.

재미있어야 성적도 오른다

이제 본격적으로 독서에 관한 이야기를 시작해보자. 산에서 눈사태를 당해본 분은 거의 안 계실 것이다. 당해보셨다면 이 세상에 안 계시거나 운이 좋으면 오르려던 히말라야 산맥의 한 봉우리를 눈앞에 둔 채 뒤돌아서 나오셨을 테니까. 그렇다면 눈사람은? 눈사람 만들어보신 분은 꽤 많으실 것이다. 물론 최근에는 지구온난화로 인해 눈 내리는 날과 양이 급격히 줄어들었기 때문에 젊은 분들이라면 이 경험도 쉽지는 않았겠지만.

여하튼 눈사람을 만들어본 분이라면 잘 아실 것이다. 처음에 작은 눈덩어리를 만들려면 조금 힘들지만 일정 크기 이상의 눈덩어리가 만들어진 후에는 굴리기만 하면 눈덩어리가 급격히 커지는 현상을 경험해보셨을 것이다.

뜬금없이 눈사람 이야기를 하는 건 독서도 눈사람 만들기와 비슷하기 때문이다. 처음에 한 권, 두 권, 세 권의 책을 읽기란 쉽지 않지만 책을 어느 정도 읽고 나면 그 후부터는 손쉽게 책에 손이 가고, 결국 독서광이 된다.

그렇다면 이렇게 되는 까닭은 무엇일까? 그것은 바로 인간이면 누구나 잠재적으로 품고 있는 능력, 지적 호기심 때문이다.

독서만으로 전교 1등을?

언젠가 TV 퀴즈 프로그램에 나와 퀴즈 영웅이 되어 전국의 학부모를 깜짝 놀라게 했던 한 초등학생의 생활을 다룬 후속 프로그램을 본 적이 있다. 이 아이의 방에 쌓인 책이 1000여 권에 이르는데 그 책을 다 읽은 것은 물론 궁금한 것이 있으면 즉시 자신의 책을 찾아 그 궁금증을 해소하고야 만다고 한다. 그런데 더욱 놀라운 사실은―필자에게는 사실 전혀 놀라운 일이 아니지만―이 아이를 학원에 보내지 않고 책만 읽힌다고 하자 주위 학부모들이 "당신 그렇게 해서 아이 대학에나 보낼 수 있겠어?" 하고 걱정 반, 비아냥 반의 관심을 보였다는 것이었다. 그럼에도 그 아이의 부모는 꿋꿋하게 그렇게 했단다. 그 결과는 그 친구가 사는 지역에 닿자마자 방문객을 맞는 퀴즈영웅 어린이 탄생 현수막이다.

필자는 이 친구 이전에도 그런 어린이들을 여럿 만난 적이 있다. 어른들도 보기 힘든 전문 인문서와 학술서를 수십만 원어치씩 사기

●
우리 집 거실 작은 탁자 위에 놓인 책들이다. 필자는 책을 귀하게 여기지 않는다. 언제 어느 때건 손에 닿을 수 있는 곳에 이 책 저 책을 쌓아놓는다. 그래야 책을 언제든 읽고 싶을 때 읽지 않겠는가. 책을 진정으로 귀하게 여기는 사람은 책이 낡아 떨어질 정도로 읽는 사람이 아닐까?

위해 서울 도서전 나들이에 나선 청주의 한 초등학생은 지금도 기억에 생생하다. 약간 걱정이 되어 그 친구 어머니를 위로해드렸다.

"걱정 마세요. 지금이야 책 읽느라고 공부에 소홀할지 모르지만 저렇게 책 읽는 아이들은 언젠가 빛을 발해요.."

대답은 어땠을까?

"아, 네. 지금도 공부는 잘해요. 그런데 학교생활에 문제가 있어서…. 수업 내용이 시시하대요. 그래서 요즘은 검정고시를 봐서 월반을 할까 해요."

필자의 입이 얼어붙었다. 조금 더 알아보니 선생님들이 곤혹스러워하신단다. 성적은 전교 1등이요, 입에서 나오는 질문은 대부분 선생님의 능력을 벗어나는 것이니 그럴 만도 할 것이다. 역시 공부란 스스로 책을 통해 하는 거다. 게다가 한 달에 책값으로 30만 원쯤 나간다는데, 만일 그 친구가 학원을 다닌다면? 전교 1등을 위해서는 더 들지 않을까? 그 정도 실력을 강남 아이들이 내기 위해서는 한 달에 수백만 원이 들지도 모르니까 얼마나 싼 과외인가.

제발 지적 호기심의 싹을 자르지 마세요

인간에게는 지적 호기심이란 본능이 있다. 육체만 놓고 보면 동물과 다를 바 없는 게 인간이지만, 바로 이 지적 호기심 때문에 동물에서 벗어나 인간이란 존재로 거듭날 수 있었던 것이다.

그렇다면 이 지적 호기심이란 것은 무엇일까? 말 그대로 지적知的

호기심好奇心이다. '지성·지식 측면에서 새로운 것을 좋아하는 마음'이란 것이다. 그러니까 이제까지 몰랐고 경험해보지 못했던 그 어떤 것이 지적으로 어떤 의미를 갖고 어떤 내용으로 이루어져 있는지 궁금해한다는 것이다. 바로 이 점이 인간을 동물과 다른 존재로 만들 뿐 아니라, 이 점 때문에 인류는 문명이란 것을 탄생시켰고 발전시켜왔다.

그런데 지적 호기심은 어떻게 발동되는 것일까? 아무것도 없는 상태에서는 지적 호기심이 발동되지 않는다. 이제껏 경험해보지 못한 새로운 것이 등장해야만 지적 호기심이 발동된다.

그렇다. 인간으로서 이해할 수 없는 대상이 나타나야만 지적 호기심은 발동된다. 그런데 이 이해할 수 없는 대상이란 것은 평범하게 살아가는 사람에게는 별로 없다. 그 이유는 무엇일까?

첫 번째, 현대는 정보 홍수의 시대다. 그래서 태어날 때부터 온갖 잡다한 지식이 우리가 의식하지 못하는 사이에 우리 머릿속을 채운다. 그러나 이 정도로 만족하지 않는다. 태어난 지 3년? 아니면 4년? 그러니까 우리 나이로 대여섯 살 정도 되면 원하든 원하지 않든 더 많은 지식이 강제로 주입되기 시작한다. 그 다음엔? 삼척동자도 알다시피 학교에 가면 수많은 정보가 숨 쉴 사이도 없이 주입된다. 그것도 모자라 학원에서는 피아노·과학·영어·논술·태권도·발레·미술 같은, 세상에 존재하는 모든 정보가 물밀듯이 들어온다. 그러니 어떤 것을 이해할 수 없겠는가? 대한민국에 살다 보면 세상 모든 것을 다 이해하고도 남을 정도가 되는 것이다.

두 번째로는 세상에 대해 촉수를 세운 채 의문을 품지 않기 때문이다. 사실은 이것이 훨씬 중요한 이유이다. 아무리 많은 정보가 주어진다 해도 인간은 지적 호기심을 갖춘 존재이기 때문에 끊임없이 새로운 것에 대해 궁금증을 갖기 마련이다. 그런데 언제부터인가 우리는 세상 만물에 대해 촉수를 세우지 않게 되었다. 궁금해하지 않게 되었다는 말이다.

"선생님, 근데 달팽이는 왜 두꺼운 껍데기를 매고 다녀요?"

"선생님, 우리나라는 대한민국이라고 하지 남한이라고 안 부르는데 북한은 왜 북한이라고 하나요?"

"아빠, 왜 우리나라 국회에서는 저렇게 싸워요?"

"엄마, 왜 옷을 단정하게 입어야 한다고 배웠는데 텔레비전에 나오는 연예인들은 옷을 다 벗고 나와요?"

"선생님, 철학이 뭐예요? 아버지께서 맨날 철학이 어쩌고 저쩌고 하세요."

이런 질문을 하고 나서 어른들로부터 명확한 답변을 듣기는커녕 "아직은 그런 것 알 때가 아냐."라는 질책성 답변을 듣고 나면 그 다음부터는 세상 만물에 대해 촉수를 뻗는 것을 단념하게 된다. 이런 시기는 특별한 아이들을 제외하면 초등학교 입학 무렵을 전후해 시작된다. 그리고 그 무렵부터는 수동적으로 주입되는 정보만 소화하기에도 버거워진다.

그러니까 어른들은 자신들이 감당할 수 없는 질문이 아이들로부터 시작될 무렵이 되면 그 아이들의 질문에 답하는 수고 대신에 자신들이 주입하고자 하는 정보만을 아이들 입에 재갈 물리듯 물림으로써 아이들의 지적 호기심을 고사시키기 시작하는 것이다.

아이들이 어른보다 훨씬 현명하다는 말을 앞서 한 적이 있다. 하지만 어른들은 이때도 아이들을 우습게 여긴다.

'흠, 이렇게 얘기하면 이 녀석들이 내 말에 속아 넘어가서 나중에 스스로 배우겠지.'

천만에. 아이들은 이렇게 생각한다.

'쳇, 자기들도 모르면서. 나도 모르고 자기도 모르는데 뭘 가르친다는 거야? 그리고 왜 나만 공부하라고 난리야? 어른이 되어서 그런 것도 모르면서 잘난 체는. 어른이 무슨 훈장이라도 되나?'

이 얘기가 옳은지 그른지 우리의 어린 시절을 떠올려보자. 기억이 나지 않으면 아이들과 솔직한 대화를 나누어보자.

지적 호기심, 성공의 지름길

결과적으로 지적 호기심의 싹만 자르지 않으면 그 아이는 반드시 성공한다. 참된 인간으로서, 나아가 탁월한 학습 능력을 갖춘 인간으로. 욕심과 망상에 사로잡힌 어른들은 '성공!' 하면 의대를 가거나 고시에 붙거나 로또 맞는 것을 생각할 것이다. 그러나 성공이란 그런 것이 아니다.

지적 호기심을 갖춘 인간으로 영원히 성장하면서 살아갈 수 있다면 그 존재야말로 인간으로서 성공한 것이다. 그럼에도 현실적인 성공을 포기할 수 없다고 한다면?

그렇다면 이렇게 바꾸어 질문해보겠다. 한 존재가 인간으로서 성공한다면 현실적인 시각에서는 성공하지 못할까? 걱정하지 마시라. 인간으로 성공한 존재는 하나같이 현실적으로도 성공한다. 그런 사례는 무수히 많기 때문에 예를 들지 않겠다. 여러분 모두도 이런 사실은 잘 알고 있을 것이다. 다만 다른 사람들과 약간 다른 길을 가야 한다는 사실 때문에 불안해할 뿐이다. 따라서 "인간으로서 성공한 존재가 현실적으로도 성공할 수 있어요?"라고 묻는다면 그야말로 우문愚問이 될 것이다.

다시 현실로 돌아가자. 지적 호기심의 싹을 자르지 않으면 인간은 끊임없이 새로운 것에 대한 호기심을 표출한다. 그리고 그 호기심이 충족될 때까지 정보 사냥에 나선다. 이를 요즘 용어로 말하면 정보 노마드라고 할 수 있다. 노마드, 그러니까 정보를 찾아 끊임없이 이곳저곳을 찾아 헤매는 유목민인 셈이다.

이쯤에서 앞서 살펴본 눈사태란 단어를 다시 떠올려보자. 지적 호기심은 아무것도 없는 상태에서는 표출되지 않는다. 단 하나라도 궁금한 것이 있을 때 비로소 발동된다. 그러니까 한 인간의 관심을 사로잡은 단 한 권의 책이 결과적으로 그를 지적 호기심이 충만하고 인간으로서 성공한 존재로 만들게 된다는 것이다. 누구나 처음에는 오직 한 권의 책으로부터 시작된다. 그리고 그 책이 그를 온전히 사로잡을 수만 있다면 그는 그때부터 책의 주인이 되는 것이다. 그리고 눈사람 이론은 이렇게 발전한다.

한 권의 책 – 호기심을 불러일으킨 단어(이론, 대상) – 새로운 단어(이론,

대상)가 포함된 다른 책 – 호기심을 불러일으킨 단어 – 또 다른 책 – 지속

적 반복

이렇게 해서 처음 한 권으로 시작한 독서 편력이 평생을 가게 되는 것이다. 그리고 이 과정에서 책의 주인은 커다란 수익을 얻게 된다. 어떤 수익일까?

독서가 안겨주는 세 가지 선물

독서는 재미로 시작한다고 말했다. 그런데 이 놀라운 녀석은 재미와 함께 우리가 원하는 모든 것을 부지불식간에 전해준다. 그것도 아무런 대가도 바라지 않으면서. 그러니 어찌 도깨비방망이가 아니겠는가?

다음에는 "나와라 뚝딱!" 하며 외치면 독서란 녀석이 나타나 우리에게 전해주는 수익에 대해 살펴보자.

1. 호기심　　책을 좋아하는 사람을 둘러보라. 하나같이 호기심이 많다. 어떤 호기심? 세상 만물에 대한 호기심이다. 그것도 목욕탕을 훔쳐보거나 야동을 몰래 보는 호기심을 뛰어넘어 세상을 움직이는 모든 존재에 대한 지적 호기심이 많다. 이런 지적 호기심은 당연히 능동적인 지적 훈련으로 이어지는데 이 점이 바

로 독서를 좋아하는 친구들이면 누구나 갖고 있는 뛰어난 학습 능력인 셈이다. 결과적으로 책을 좋아하는 친구들은 모든 종류의 지적 호기심에 큰 관심을 보이고, 이는 당연히 학교에서 배우는 온갖 종류의 지식에도 적극적인 관심을 갖게 만드는 것이다.

2. 비판력　　수많은 지식을 습득하다 보면 차츰 형성되는 것이 바로 비판력이다. 세상을 보는 다양한 시각을 갖추게 되면 잘못된 시각이나 이론에 대해서 비판할 수 있는 능력을 갖추게 된다. 실제로 비판력은 한 인간이 세상에서 노예가 아닌 주인으로 살아가는 데 필수불가결한 요소다. 그래서 선진국일수록 교육의 목표를 지식의 습득에 두는 것이 아니라 비판력 형성에 두고 있다. 상대방의 잘못된 점을 비판할 수 있다면 그 상대방이 시키는 대로 움직이는 허수아비가 아닌 삶의 주인으로 살아가고 행동할 수 있기 때문이다.

그렇다면 이때 상대방이란 누구일까? 이때 상대방이 단순히 사기꾼, 일확천금이 가능하다고 현혹하는 복권 판매업자, 다단계 업자라고 생각하면 오산이다. 현대사회에서는 수많은 존재들이 자신에게 주어지는 비판을 억제하기 위해 온갖 노력을 다한다. 국가와 정부로부터 기업 및 개인에 이르기까지. 그래서 역사를 '아我와 비아非我의 투쟁, 즉 나와 나 아닌 것 사이의 갈등'으로 인식했던 단재 신채호 선생의 역사 인식에 비추어 설명한다면 현대사회의 거래는 '속이려는 상대방과 그 속임수에 넘어가지 않는 주체적 개인의 대결'이라고 할 수 있다.

이런 사회에서 필수불가결한 능력이 바로 비판력이다. 비판력이 없으면 사이비 정치인·사이비 종교인·사이비 장사치·사이비 교육자·사이비 출판업자·사이비 사회사업가·사이비 언론인들에게 속아 한 번뿐인 삶을 망치기 십상이다.

3. 창의력 창의력이야말로 독서가 안겨주는 최고의 선물이다. 현대사회는 창의력이 최고의 가치로 인정받는 사회다. 단순한 정치·경제·기술·문화·삶이 아니라 창의적인 정치·경제·기술·문화·삶이 필요한 사회인 셈이다. 누구나 할 수 있는 것은 그 사람에게도 썩 즐거움을 주지 못할 뿐 아니라 사회적 평가도 받지 못하기 마련이다. 과거 봉건제 사회나 제조업 사회에서는 단순한 사람이라도 육체적 능력이 뛰어나거나 부지런하면 인정을 받을 수 있었다.

그러나 현대 정보화 사회에서는 창의적 능력이 없으면 창의적인 인간 밑에서 일하기 마련이다. 윈도우를 생각해낸 빌 게이츠는 그런 까닭에 수억 명을 자신의 영향력 아래 두었다. 그가 엄청난 독서광인 것은 물어보나 마나다. 얼마 전 대한민국 축구에 신화를 이룬 거스 히딩크 감독도 대단한 독서광이라고 한다. 축구 선수와 독서? 우리나라에서는 등가等價로 놓기에 매우 어울리지 않는 두 존재이지만 히딩크는 달랐다. 그가 우리 선수들을 가차 없이 평가했던 말을 여러분은 아직도 기억하는가? 필자는 축구를 무척 좋아하지 않지만 – 아니 축구 애국주의를 혐오하는 매국노이기까지 하지만 – 그가 한 말은 참으로 인상적이었다.

"한국 축구 선수들은 창의적 플레이를 전혀 하지 않는다."

한마디로 생각이 없이 공만 찬다는 말이었다.

아니, 공부로 먹고사는 천재들의 호기심마저 싹을 잘라버리는 사회에서, 수업 한 시간 듣지 않아도 되는 특권을 제공하면서 오직 공만 차게 만드는 축구 선수들에게 창의성을 바란다고? 히딩크는 한국 사회를 잘 몰랐다.

학업 성적까지 올려주는 부대 수익

위에 열거한 세 가지가 주 수익이라면 부대 수익은 더 많다. 많은 독자 분들은 위의 주 수익에 대해 이렇게 말할지도 모른다.

"그 수확물이 내 손안에 들어오기를 기다리는 건 시간이 너무 오래 걸려요. 아니 들어올지 안 올지도 불안한데요. 이 정도로는 우리 아이를 학원에 보내는 대신 독서를 시키는 모험을 해야 할지 확신이 안 서네요."

흐음. 역시 그렇다. 우리나라에서 아이들과 관련된 일은 그 무엇보다도 학습 성과와 연계될 수밖에 없다. 필자는 이에 대해 할 말이 없다. 필자 자신도 내 자식 성적이 좋기를 바라지 책 많이 읽는 열등생이 되기를 원치는 않으니까 말이다. 그런데 다행스럽게도 독서는 위와 같은 주 수익과 함께 탁월한 학업 성취도까지 안겨준다.

그래서 뛰어난 성적은 자동으로 따라온다. 나아가 사회에 나가서도 탁월한 능력을 발휘하게 만든다. 그런데도 학부형들께서는 불안해하실 것이다. 정말 학원 가는 것보다 책 읽는 게 더 좋은 성적을 가져다줄까? 정답은 '그렇다'이다 왜? 부대 수익이 있으니까.

우선 이해력이다. 책을 많이 읽다 보면 글에 대한 뛰어난 이해력이 생긴다. 이 이해력은 모든 과목을 두루 잘하는 데 필수적이다. 모든 과목은 문장으로 이루어져 있다. 그런데 독서야말로 문장에 대한 이해력을 향상시키지 않는가. 그러니 당연히 모든 과목을 이해하는 힘을 향상시켜주는 것이다.

이해력에는 상황 판단력과 아울러 예측력이 포함된다. 한 단락, 한 장章을 읽고 나면 그 부분에 대한 상황 판단력이 생기고 향후 어떤 내용이 이어질 것인지 예측할 수 있게 된다. 이런 것이 바로 독서의 힘이다. 반면에 독서 훈련이 이루어지지 않은 친구들의 경우 그저 내용을 따라가기에도 힘이 벅차다. 그러니 전체적인 상황 판단이나 예측까지 기대하는 것은 하늘에서 별 따기와 다를 바 없다.

다음으로 독해력이다. 독해력讀解力이란 말 그대로 읽고 해석하는 능력이다. 그러니 독서가 독해력을 향상시킬 것임은 삼척동자라도 다 알 수 있다. 읽고 해석하지 못하면 독서는 이루어질 수 없으니까. 그런데 이 독해력이란 것이 성적과 불가분의 관계를 이룬다. 최근 수능 시험 문제를 접해보셨는가? 수능만이 아니다. 훗날 취업에 도움이 되는 다양한 시험들, 그러니까 TOEIC부터 시작해서 각종 고시·자격시험에 이르기까지 모든 시험은 갈수록 짧은 글을 읽고 답을 말하는 방식이 아니라 긴 문장을 읽고 답을 추론하는 방식으로 바뀌고 있다. 그래서 요즘 시험을 보고 나온 아이들이 하는 말 가운데 대표적인 것이 시간이 부족하다는 것이다. 수능 언어 영역이건 외국어 영역이건 엄청 긴 문장을 읽고 나면 고작 몇 문제만이 주어진다. 그러니 독해력이 부족한 아이들로선 참으로 고역이 아닐 수 없다.

이건 무슨 말인가? 빨리 읽고 빨리 이해하란 말이다. 출제자의 의도가 바로 그것인 셈이다. 현대는 정보화 사회니까 엄청난 양의 정보가 주어지는데 언제 한 문장 한 문장을 줄 그어가면서 읽고 해석한 다음 판단을 할 수 있겠는가. 그러니 시대의 지도자가 되려면 빨리 읽고 읽으면서 해독하고 판단하는 능력을 키우라는 것이다. 그래서 독서 능력이 뛰어난 아이들은 중학교에서 고등학교로 진학하면서 더욱 뛰어난 성적을 거두게 된다. 얼마나 좋은 일인가! 책 읽어서 즐겁고, 사교육비 안 들어서 행복하고, 좋은 성적 거두어 인정받고, 나아가 사회가 요구하는 엘리트로 성장해서 지도자가 될 수 있으니. 그런데도 왜 "야, 너 지금 책 읽을 때야? 빨리 학원 가!"라고 외치는 학부형들이 많을까?

외국어 영역 1등급 받기

이쯤에서 실질적인 사례를 하나 들어드리겠다. 더 그럴듯한 사례를 들면 좋겠지만 필자는 분명 말씀드린 적이 있다. 직접 확인한 것이 아니면 믿지 않는다고. 그래서 사례도 필자가 직접 경험한 사례를 들 수밖에 없음을 이해해주시기 바란다. 내용은 대입 수학능력시험 외국어 영역에서 1등급 받기다.

필자는 수학능력시험이 끝나면 언어 영역과 외국어 영역 시험 문제를 풀어보는 묘한 취미가 있다. 왜냐하면 그 시험에 등장하는 지문들이 너무 재미있기 때문이다. 그런데 두 시험 다 1등급을 받는다. 필자 생각에는 이런 것이 도대체 무슨 의미를 갖는지 잘 모르겠다. 필자가 등급을 따기 위해 시험을 보는 것도 아니고 그저 취미 활동이니까 말이다. 그런데도 강연에서 이런 이야기를 하면 많은 학부형과 학생들이 무척 놀랍다는 반응을 보인다. 그래서 이런 생각을 하게 되었다. '아! 이게 실질적으로는 꽤 도움이 되는구나.' 정말 그런가? 그 비결은 바로 앞서 말한 독해력이다.

다음 문장을 보자.

Around 350 B.C. there lived in Greece a very famous painter named Apelles.

기원전 350년경, 그리스에 아펠레스라는 이름의 유명한 화가가 살았다.

It was his practice to conceal himself at previews of his paintings in order to hear the public's opinions of his masterpieces.

그의 명작에 대한 사람들의 의견을 들어 보기 위해 그는 자기 그림을 전시하는 곳에 참석했다.

At one such preview a bootmaker criticized the shoes in a painting on which Apelles had labored long and hard.

어떤 전시회에서 부츠 만드는 사람이 아펠레스가 오랜 시간 힘들여 그린 신발 그림을 비난했다.

After correcting the picture the painter arranged a second preview.

그림을 수정한 다음에 화가는 두 번째 전시회를 열었다.

This time the bootmaker began to criticize the anatomy of one of the characters.

그러자, 이때 나타난 신발 제조업자가 특징 가운데 하나를 비난하기 시작했다.

Apelles was unable to restrain himself, for he knew that the criticism was unjust and the man knew nothing about anatomy.

아펠레스는 스스로 참기 힘들었다. 왜냐하면 그는 그 비난이 옳지도 않았고 신발 제조공이 아나토미에 대해 아무것도 몰랐기 때문이다.

"From his hiding place Apelles shouted," "Bootmaker, stick to your last!"

자기 작업실에 오자 아펠레스는 소리를 질렀다. "신발꾼, stick to your last."

From that time it has been the custom to ridicule the people who act like they know what they do not with the pointed caution.

그때부터 그들이 가리키는 사항이 뭔지도 모르는 사람이 마치 아는 것처럼 행동하는 사람을 조롱할 때 "Stick to your last!"라고 말하는 것이 관습이 되었다.

문제) 다음 중 글의 내용과 일치하는 것은?

① 기원전 350년경 그리스에 Apelles라는 무명의 화가가 살았다.

② Apelles는 시연회에서 대중의 의견을 듣지 않으려고 하였다.

③ 구두장이는 Apelles의 작품에 그려진 신발을 칭찬했다.

④ Apelles는 그림을 수정한 후 다시 시연회를 마련했다.

⑤ Apelles는 구두장이의 해부학적 지식이 풍부함을 인정했다.

2011년 대학수학능력시험 외국어 영역에 나오는 문제 가운데 임의로 하나를 선택한 것이다. 지문 가운데 해석한 부분은 필자가 한 것이고, 필자 판단에 답은 4번이다. 사실 필자는 질문 내용이 뭔지 모른다. 왜냐하면 정답을 맞히는 것이 목적이 아니기 때문이다. 게다가 해석을 보시면 아시겠지만 번역 또한 엉망이다. 당연하다, 읽으면서 한 번에 했으니까. 다시 보고 고치고 하는 따위 행동을 하지 않았단 말이다. 생각나는 대로 해석했을 뿐이다. anatomy가 무슨 뜻인지도 모른다. 물론 보기에서 이 단어가 '해부학'일 거라는 추론이 가능해졌다. 게다가 이 지문의 핵심이 되는 표현인 Stick to your last!는 아직도 모른다. 그럼에도 문제는 쉽게 풀 수 있다. 그렇다면 영어 실력도 약하고 단어 실력도 약한데 어떻게 이리도 쉽게 풀 수 있을까? 그건 오로지 독해력을 통해서다. 즉, 읽고 해석하는 능력 말이다. 독해력은 기본적인 단어 실력, 기본적인 문법 실력만이 필요하지, 고급 영어 능력·수천 단어가 필요한 게 아니다. 더

욱이 원어민 수준의 영어를 배우지 않아도 충분히 가능하다.

　이런 필자의 주장에 이의를 제기할 분들이 많을 것이다. 아마 학원 선생님들이 제기하는 이의가 가장 강력할 것이다. 만일 필자 이론대로 해서 외국어 영역 1등급을 받을 수 있다면 그야말로 학원가에는 재앙이 될 테니까 말이다. 　그럼 이런 이의 제기에 대응하기 위해 한 문제 더 풀어보자.

다음 글을 읽고 물음에 답하시오

(A)　After several futile attempts to teach the role of theme, or the prominent repeated melody, in classical music, the teacher was at wit's end. Having reminded her students many times that composers like Wagner depended on the listeners' remembering the earlier theme to recognize its later use, (a) she was determined to make her students understand that themes recur throughout a piece.

주제의 역할을 가르치려는 유용한 몇 가지 시도 또는 유명한 반복된 멜로디 후에 클래식 음악에서, 선생님은 증명했다. 학생들에게 바그너 같은 작곡가들이 앞서 나온 주제를 뒤에서 다시 사용한 것을 청중들의 기억에 의존할 거라는 사실을 환기시켜주며, 선생님은 학생들이 piece를 통해 계속 나타날 주제를 이해하도록 해줄 거라고 알려주었다.

(B)　She knew that her class had little trouble with simple variations and could easily identify themes that were repeated in a similar way. But when the theme showed much variation, the students' attention focused on the new detail to such an extent that they no longer 'heard' the basic theme. For a week or two, the teacher worried about the problem. Other teachers advised (b) her to go on with something else, but she continued to search for a solution.

선생님은 그녀 반 학생들이 단순한 변주와 비슷한 방식으로 반복되는 주제들을 쉽게 구별할 수 있을 것을 알았다. 그러나 주제가 큰 변주를 보여줄 때 학생들의 주의는 더 이상 기본 주제를 들을 수 없을 만큼 새로운 내용에 초점이 맞추어질 것이다. 1, 2주일 동안 선생님은 그 문제를 걱정했다. 다른 선생님들께서는 그녀에게 다른 방식을 권했다. 그러나 선생님은 해결책을 계속 찾기로 했다.

(C) The following day in class, (c) she asked how many students had tape recorders. A dozen or so students said, "I do." The teacher said excitedly, "I have an idea. Let's play Beethoven' Eroica again. One of you can record the theme when it's first introduced. Then later, someone else can record it the second time it appears. Finally, we'll have another person record when it appears next. Then we can start all three tape recorders at exactly the same time to see if the recordings fit!" Her students looked at (d) her in surprise. Suddenly, however, delight appeared on their faces. And so it was done. When they played the recordings simultaneously, the sounds blended sufficiently for the students to recognize their commonality.

다음 날 수업 시간에 그녀는 얼마나 많은 학생들이 테이프를 가지고 있는지 물었다. 10여 명의 학생들이 있다고 답했다. 선생님은 정확히 말했다. "내게 생각이 있어. 베토벤의 에로이카를 다시 들어보자. 그 곡이 처음 소개되었을 때 너희 가운데 한 사람이 주제를 녹음할 수 있어. 다음에 그 노래가 두 번째로 들린다면 누군가가 또 녹음할 수 있을 것이다. 마지막으로 그 곡이 다시 들린다면 또 다른 사람이 녹음할 것이다. 그러면 우리는 그 녹음이 딱 들어맞는지 확인하기 위해 동시에 세 녹음기를 틀기 시작할 수 있을 것이다. 학생들은 깜짝 놀라 그녀를 쳐다보았다. 그러나 갑자기 그들의 얼굴에 빛이 반짝였다. 그리고 그렇게 되었다. 동시에 그들이 녹음기를 틀었을 때 소리는 그들의 commonality를 지각하도록 충분히 혼합되었다.

(D) With this problem in mind, one afternoon during the lunch hour, she noticed a group of students gathered in a corner of the school yard. Several girls were moving their bodies rhythmically. Curious, she drew closer and found that the students were listening to a new rock hit. A girl in the center of the group held a tape recorder in (e) her hand. At that moment, a sudden inspiration took hold.

마음속에 이 문제들을 품은 채 어느 오후 점심시간 내내 그녀는 운동장 한 구석에 모여 있는 한무리의 학생들을 주의했다. 몇몇 여학생들이 몸을 리

듬에 맞추어 흔들었다. 호기심어린 눈으로 그녀는 가까이 보았고, 학생들이 새로운 록 히트곡을 듣고 있음을 알게 되었다. 무리 한가운데 있는 여학생은 손에 녹음기를 들고 있었다. 그 순간 놀라운 영감이 떠올랐다.

48. 주어진 글 (A)에 이어질 내용을 순서에 맞게 배열한 것으로 가장 적절한 것은?

① (B) – (C) – (D)　　② (B) – (D) – (C)

③ (C) – (B) – (D)　　④ (C) – (D) – (B)　　⑤ (D) – (B) – (C)

49. 밑줄 친 (a)~(e) 중에서 가리키는 대상이 나머지 넷과 다른 것은?

① (a)　　② (b)　　③ (c)　　④ (d)　　⑤ (e)

50. 주어진 글의 내용과 일치하지 않는 것은?

① 교사는 고전음악에서 주제가 반복됨을 학생들에게 이해시키려 했다.

② 학생들은 단순한 변주 부분을 이해하는 데 별 문제가 없었다.

③ 교사는 학생들에게 녹음기를 가지고 있는지를 물었다.

④ 학생들은 자신들이 녹음한 세 부분을 차례로 재생해 들었다.

⑤ 몇몇 학생들이 점심시간에 운동장에서 록음악을 듣고 있었다.

정답 : 48-②, 49-⑤, 50-④

이 문제는 2011년 외국어 영역 문제 가운데 비중이 가장 큰 것이다. 왜냐하면 한 지문을 가지고 세 문제를 풀 수 있기 때문이다. 그러니 가장 어려운 문제라고 보아도 무리가 없을 듯하다.

그런데 위의 해석을 보시면 아시겠지만 필자의 영어 실력은 한심한 수준이다. commonality가 무슨 뜻인지도 모른다. 그런데 문제는 다 맞혔다. 필자가 해석해놓은 한심한 내용만으로도 여러분 또한 문제를 다 맞힐 수 있을 것이다. 이 모든 것이 앞서 말씀드린 바와 같이 독해력 덕분이다. 그런데 필자가 아무리 이렇네 저렇네 해도 실제 상황만큼 중요한 것은 없을 테니 실제 상황을 살펴보기로 하자.

2011년 외국어 영역 문제는 총 50문제, 문제지는 총 8쪽이다. 제한시간은 70분. 이게 무슨 말인가? 위에서 살펴본 문제를 상기해보자. 먼저 소개한 문제, 그러니까 화가에 대한 지문과 관련된 문제는 단 한 문제다. 그러니까 산술적으로 계산해보면 이 문제를 푸는 데 투여할 시간은 1분 20초 이하여야 한다. 한마디로 말하면 영어 지문을 읽으면서 답을 내야 한다는 것이다. 해석하면서 답을 내면 이미 시간이 부족한 것이다. 읽는다는 것은 읽으면서 동시에 뜻이 떠오르는 것이고, 해석한다는 것은 영어로 읽고 한글로 해석한 다음 뜻이 떠오르는 것이다. 그러니 문항 수가 세 개인 두 번째 문장은 총 4분 만에 해석하고 문제를 풀어야 한다.

자, 이쯤 되면 외국어 영역이 무엇을 시험하기 위한 것인지 알 것이다. 바로 독해력·이해력을 시험하고자 하는 것이다. 물론 독해력·이해력은 언어 영역 문제만으로도 충분하다. 그럼에도 왜 외국어영역을 또 두었을까? 그건 영어의 기본적인 표현력과 이해력을 갖추라는 말이다.

결국 향후에도 국가 시험은 단순한 기능을 시험하는 대신 종합적인 이해력·독해력을 시험하는 방향으로 나아갈 것임을 우리는 쉽게 알 수 있다.

그런데 왜 우리 아이들을 독해력과 이해력 대신 생활영어 중얼거리는 미국 원어민 교사들에게 맡기는가 말이다. 미국에서도 독해력과 이해력을 갖춘 사람은 흔치 않다. 그러니까 '어륀지' 지향 인간들이 말하는 영어 실력과 우리 교육 당국, 아니 교육 전문가들이 말하는 영어 실력 사이에는 큰 괴리감이 존재하는 것이 현실이다. 그리고 바로 그 괴리감이 대학 졸업한 후 수십 년 동안 TOEIC 책이나 영어 책 한 권 펼쳐보지 않고도 외국어 영역에서 1등급을 맞는 비결이다.

독서를 가로막는 건 성적 향상을 가로막는 것이다

학부형들이 아이들의 독서를 가로막는 주요한 장애물 중 하나임은 분명하다. 그러나 학부형들만이 아니다. 마찬가지로 많은 선생님들도 주요한 장애물 가운데 하나다. 우리나라 학교 시스템은 그 가운데서도 가장 험난한 장애물이다. 물론 그렇지 않은 학교·선생님·학부형들도 많다. 특히 선생님들 가운데는 독서를 통한 전인교육과 통합적 사고 교육을 위해 자나 깨나 노력하는 분들이 많다. 그러나 그런 분들이 다수를 차지하는 것은 아니다.

왜 그럴까? 왜 독서를 권장해야 할 학교·교사·학부형들이 오히려 독서에 장애물로 작동하는 것일까? 그 이유는 간단하다. 그 모든 분들이 눈앞의 성과에 집착하기 때문이다. 하기야 나라에서 일제고사를 통해 각 지역·학교·반·개인의 성적을 수치로 나타내고 그를 통해 학업 성취도를 측정하겠다고 나설 정도니 누구를 탓하랴.

그렇다면 그런 정책을 입안하고 추진하는 이들은 누굴까? 바로 독서 대신 달달 외우는 주입식 교육을 통해 운 좋게, 아니면 바로 그런 비교육적·비인간적 풍토를 이용해 정책을 입안하는 자리에 오른 사람들이다. 그리고 그런 사람들은 창의력·비판력·호기심·독해력 같은 것에는 아무런 관심도 없다. 그들은 모든 것을 지위·돈·권력의 크기로 평가한다. 그러니 내가 더 높은 자리에 오르려면 아이들 시험 성적 올려야 하고, 국민들을 다그쳐서 GDP를 성장시켜야 한다. 오직 그것 외에는 아무런 관심이 없다.

"니들이 지성의 맛을 알아?"

필자가 그들에게 해주고 싶은 말이다. GDP 높은 사회가 아니라 지성이 발휘되는 사회, 지성이 대우받고 지성을 갖춘 사람들이 활발하게 활동하는 사회가 진정한 선진국인 까닭을 그런 성장지상주의자成長至上主義者들이 어찌 알랴. 그러나 그들만을 탓할 수는 없다. 학부형들도 비슷한 사고를 가진 분들이 많으니 말이다. 필자에게 답답하기 그지없는 사실 가운데 하나가 바로 학부형들이 올챙이 시절을 잊고 산다는 사실이다. 그래서 틈만 나면 학부형들께 묻는다.

"학교 다닐 때 공부 좋아하셨어요?"

"학교 다닐 때 부모님이 공부해라, 공부해라 하시면 공부하셨어요?"

"학원 가면 열심히 공부하셨어요?"

"학습지 매일 갖다주면 열심히 푸셨어요?"

남이 안 가는 길이 가장 빠른 길이다

왜 자기가 하기 싫었던 모든 것을 아이들에게 강요하는가? 그렇게 해서 뭘 얻을 수 있다고 믿는 것일까? 필자는 이런 과정을 오랜 시간 바라보다가 한 가지 결론에 도달했다. 거의 대부분의 학부형들이 동일한 경로로 아이들을 이끄는 것은 불안감 때문이라는 것이다.

"남들 다 하는데 우리 아이만 안 하면 어떡하지?"

바로 이것이다. 그럼 왜 이런 불안감에 사로잡히는 것일까? 앞서 말한 사회적 현상에 대한 비판력이 없기 때문이다. 특정한 현상이 잘못된 것이라면 당연히 이에 대해 비판할 줄 알아야 한다. 물론 비판하기 위해서는 현상에 대한 합리적인 판단이 선행되어야 한다. 그런데 독서를 통한 비판력·창의력·판단력이 형성되어 있지 않기 때문에 남들이 가면 그 길이 탄탄대로건 험난한 산악로건 무조건 따라간다. 그래야 대오에서 낙오되지 않을 거란 맹목적 믿음 하나로. 결론은 부모가 독서를 하지 않았기 때문에 독서의 힘을 믿지 못하는 것이요, 독서의 힘을 믿지 못하니까 남들 다 하는 대로 학원으로, 학습지로, 영어 몰입 교육으로, 일제고사로 아이들을 내모는 것이다. 그래서 결국 그 아이에게 어떤 미래를 안겨줄 수 있을까? 모든 현대인들이 겪게 될 이태백·사오정·오륙도 아닐까? 모든 사람이 가는 길이 안전할 거라 믿고 그 길을 따르게 만들었으니 말이다.

만일 여러분의 아이들이 그런 길로 접어들지 않기를 바란다면 다른 길을 걷게 할 일이다. 설령 그 길로 들어서는 사람이 적어 조금 불안하다 할지라도 그 길을 가야 신천지가 나타난다. 모든 사람이 가는 길에는 즐거움이 없고 보물도 없다. 앞서 간 사람들이 다 차지했을 테니까.

재미있는 독서의 시작

 천억 원을 이기는 힘

　　이야기를 시작하기 전에 독자 여러분이 놀랄 만한 사실 하나를 알려드리겠다.

　필자가 강연할 때 아이들을 상대로 묻는 질문 가운데 이런 것이 있다.

　"해리포터 시리즈 읽어본 친구!"

　그럼 반쯤 손을 든다.

　"그럼 해리포터 시리즈 영화 본 친구!"

　그럼 거의 다 손을 든다.

　"그럼 책과 영화 다 본 친구 가운데 영화가 더 재미있었던 친구!"

　1) ○%

"책이 더 재미있었던 친구!"

2) ○%

한번 생각해보시라. 1)번에 들어갈 숫자와 2)번에 들어갈 숫자를.

물론 이렇게 질문하면 많은 분들이 '2)번에 들어갈 숫자가 더 크겠군.'이라고 짐작하실 것이다. 맞다. 그것도 훨씬 크다. 어느 정도인가 하면 1)번에 손든 친구가 20%라면 2)번에 손든 친구가 80% 정도 된다. 이것도 적은 경우가 그렇고 대부분의 경우에는 2)번의 비율이 더 올라간다.

그런데 이런 현상은 일반적인 어른들의 생각과는 전혀 다른 것이 분명하다. 어떤 어른이, 아이들이 해리포터 영화보다 소설을 더 좋아할 거라고 믿을 것인가? 필자도 솔직히 이런 결과를 예상하지 못했다. 물론 소설을 영화화하거나 드라마화한 경우, 필자는 거의 예외 없이 영상물에 대해 실망을 감추지 못했지만 아이들도 그럴 거라고는 확신하지 못했다.

그런데 처음에 호기심이 생겨 물었던 질문에서 의외의 결과를 얻고 나서는 '이 사실이 과연 분명한 것일까?' 하는 마음에 강연 때마다 같은 질문을 던졌다. 그런데 예외 없이 동일한 결과를 얻은 것이다.

이로부터 우리는 어떤 결과를 얻을 수 있을까? 우리가 그토록 믿지 못하는 아이들마저도 천억 가까운(아니 넘을지도 모른다) 돈을 들여 만든 영화에 비하면 껌값에 해당하는 적은 제작비로 만든 책을 훨씬 더 재미있어한다는 사실이다. 결국 아이들도 어른들의 우려와는 달리 독서의 본질을 이미 깨닫고 있다는 사실을 확인할 수 있는 것이다.

재미에도 종류가 있다

오락娛樂이라는 단어를 모르는 분은 없을 것이다. 사전에 따르면 "쉬는 시간에 여러 가지 방법으로 기분을 즐겁게 하는 일"이 오락이란다. 그런데 청소년들에게는 이 정의가 바뀌어야 할 듯하다. '온종일 단 한 가지 방법으로 기분을 즐겁게 하는 일.' 남자 친구들의 경우에는 컴퓨터 게임, 여자 친구들의 경우에는 아이돌 스타 관련 정보 훑기.

앞서 필자는 '독서는 재미있는 것'이라는 확고한 신념을 가지고 있다고 말했다. 그렇다면 이 재미는 어디로 간 것일까? 이쯤에서 娛樂이라는 단어를 잘 살펴보자.

娛 – 즐거워할 오

樂 – 즐길 락

두 글자 사이에 큰 차이가 없다. 그렇다면 한 글자로 재미를 표현할 수는 없을까? 없다. 왜냐하면 재미가 두 종류이기 때문이다. 재미의 종류가 두 가지라는 점은 무척 중요하다. 이 재미란 것의 본질을 우리가 깨달아야 아이들에게 참된 재미를 줄 수 있기 때문이다.

첫 번째 재미는 娛인데, '즐거워하다', 즉 적극적이고 능동적이라기보다는 소극적이고 수동적인 느낌이 든다. 누군가 제공하는 것을 통해 즐거워한다는 뜻이기 때문이다. 이는 결국 자신의 영혼을 흔드는 즐거움이라기보다는 '말초적인 즐거움'에 그칠 공산이 크다. 그 순간에는 즐거운데, 끝나고 나면 뭔가 아쉽고 허전한 느낌을 주는 재미 말이다. 아이들이 즐기는 게임, 아이돌 스타 사이트 뒤지기, 야동 보기, 숨어서 담배 피우기 등이, 어른들의 경우에는 캬바레 가기, 모텔 순례, 커피숍에서 수다 떨기, 연속극 재방송 순례로 주말 보내기 등이 이에 속한다.

두 번째 재미는 樂이다. 스스로 즐기는 것이라 할 수 있다. 누군가 "너 이거 즐겨봐."라고 하며 던져주는 것이 아니라 남들이 전혀 모르는 즐거움을 직접 찾아 즐기는 것, 바로 '참된 즐거움을 주는 재미'인 것이다. 이러한 즐거움은 행동할 때도 재미있지만, 하고 나면 가슴과 머리가 뭔지 모를 새로운 것들로 가득 차는 느낌을 준다. 나를 둘러싸고 있던 여러 가지 한계를 탁! 하고 깨뜨리면서 더 넓은 세상으로 나를 인도하는 재미. 그래서 공자님도 군자삼락君子三樂이라고 했지, 군자삼오君子三娛라고는 안 하셨다.

자신이 지금 즐기는 재미가 위의 두 가지 가운데 어디에 속하는지는 삼척동자도 직관적으로 안다. 그러니 두 가지를 구분 짓는 방법은 배울 필요도 없다.

한편 娛는 파면 팔수록 고통스럽지만 樂은 파면 팔수록 더 재미있다. 술도 적당히 마셔야 즐겁다. 그러나 지속적으로 마시면 주량은 늘어나고 급기야 알콜 중독에 이른다. 게임도 마찬가지다. 게임에 중독된 사람들이 게임을 좋아해서 하겠는가? 하지 않으면 못 살

것 같아서 하는 것이다. 노름도 마찬가지다. 오죽하면 손을 자르고 서도 왼손으로 노름을 한다는 말이 나오겠는가. 娛에 빠지면 얼마나 괴로운지 거기에 빠진 사람들이 더 잘 안다. 다만 그곳에서 빠져나오기가 힘들 뿐이다.

반대로 樂은 파면 팔수록 더욱 즐겁고 재미있다. 책을 많이 읽어서 독서가 고통스러워졌는데도 계속 책을 읽어야 하는 게 괴롭다는 사람은 없다. 음악을 즐기는 사람도 마찬가지요, 그림 그리는 사람도 마찬가지다. 樂은 아무리 즐겨도 중독이 되지 않는다. 대신 온갖 다른 형태의 즐거움을 골고루 경험하게 된다. 즐거움에는 끝이 없으니까.

이는 무엇을 말해주는가? 娛에 중독된 상태라면 치료가 필요하다는 것이다. 비록 娛와 樂이 서로 대체할 수 있다 해도 娛에 중독되었다면 쉽게 樂으로 전환되기 힘들다. 따라서 치료가 필요한 것이다.

그런데 우리나라에서는 이런 정신적 질환의 치료에 대해서 이상한 편견을 가지고 있다. 정신과 관련된 질병은 무조건 인간의 의지로 극복할 수 있고, 극복하지 못하는 것은 의지가 박약하기 때문이라고 질책한다. 그러나 이미 의학적으로 정신적 질환도 육체적 질환과 마찬가지로 육체의 어느 부분에 이상 현상이 나타나 발생하는 것임을 확인시켜주고 있다. 물론 아무나 치료를 받아야 한다는 말은 아니니 아이들을 무조건 병원에 끌고 가는 우를 범하지는 마시길.

결론적으로 두 가지 재미 가운데 娛는 가능하면 적게 추구하고, 樂은 가능하면 많이 추구하도록 하는 게 중요하다. 독서는 당연히 후자에 속한다. 그러기에 재미와 함께 학습 능력을 포함한 다양한 능력을 함양할 수 있다.

어떻게 樂을 즐길 것인가?

우리는 재미에 두 가지가 있다는 사실을 확인했다. 그리고 두 가지 재미 가운데 어떤 것을 즐겨야 하는지도 알았다. 그런데 무엇보다 중요한 것은 어떻게 娛 대신 樂을 접하도록 하느냐이다. 이는 어른이건 어린이건 청소년이건 마찬가지다. 어른도 娛에 먼저 손이 간다. 그러니 아이들이나 청소년들이 娛에 먼저 손이 가는 것은 당연지사다. 왜? 자신이 즐거움을 찾아 헤매는 것보다 남이 던져주는 즐거움이 접하기 쉬우니까.

지금부터 그 이야기를 하도록 하자.

첫째, 娛를 죄악시하지 않아야 한다.

인간이 아무리 훌륭하다 해도 娛를 전혀 접하지 않고 오직 樂만을 즐길 수는 없다. 하물며 독신으로 평생을 수행 정진하는 수도자들도 한 가지 정도의 娛는 즐길 수 있어야 한다. 어떻게 인간이 24시간 가슴과 두뇌의 확장에만 힘쓸 수 있겠는가. 따라서 娛를 나쁜 것, 피해야 할 것, 죄를 짓는 것으로 여기지 않는 것이 중요하다.

왜 그럴까? 이를 죄악시하면 할수록 이로부터 빠져나오기 힘들다. 娛가 곧 樂으로 가는 길임을 인식하지 못하고 전혀 다른 세계로 여기기 쉽기 때문이다. 전혀 다른 세상에 들어가서 즐거움을 느껴본 사람들이 그곳에서 빠져나오고 싶겠는가? 그것이 아무리 나쁘다 해도, 나쁜 짓이라 해도 빠져나오기 쉽지 않다. 그러나 그것 또한 樂의 일종이라고 여기는 순간 娛는 樂의 대안이요, 樂은 娛의 대안이 되는 것이다. 그러면 발길을 10센티미터만 돌리면 그 자리에 樂이 있는 것이다. 오늘부터 이렇게 해보자.

"얘야, 게임 정말 재미있지? 내가 옆에서 보고 있어도 재미있구나. 시간 가는 줄 모르겠네."

이 말 한마디에 아이들은 고개를 돌린다.

"야, 게임 그만하고 공부 좀 하자." 하고 아무리 소리를 질러도 고개 한 번 돌리지 않던 녀석들이 말이다. 樂이 娛의 대안에 불과하다는 사실을 알게 되면 위의 말을 하는 것도 어렵지 않다. 그러나 娛를 죄악시하면 마음으로부터 그런 말이 우러나오지 못한다. 그리하여 게임과의 전쟁이 벌어지는 것이다. 전쟁은 이기건 지건 양측에 커다란 상처를 남긴다.

둘째, 娛를 심하게 즐기는 아이들에게 무조건 樂을 권하지 않아야 한다.

지금 한창 게임에 몰입하고 있는 아이에게 아무리 재미있는 책을 권해도 거부감만 키울 뿐이다. 매일 집에 오면 아이돌 스타가 출연하는 텔레비전만 보는 아이에게 클래식 음악을 들려주어도 절대 안 듣는다. 그렇다면 어떻게 해야 할까? 그런 확실한 방법이 있다면 필자는 세계적인 인물이 되어 있을 것이다. 그렇지 않은가? 이런 경우 교육학 박사건 정신과 의사건 정답을 가지고 있지 않음을 아는 게 중요하다. 그러니까 쉽게 해결될 수 없음을 인정해야 한다는 것이다.

아이들을(어른들도 마찬가지다) 둘러싸고 있는 사회적 환경은 눈을 뜨는 순간부터 눈을 감는 순간까지 모든 시민들에게 천박하기 그지없는 재미를 추구하라고 끊임없이 세뇌시키고 있다. 그런 환경이라면 어른도 제정신을 차리기 힘든데 아이들은 오죽하겠는가. 얼마나 정신이 나간 사회인가 생각해보면 게임 산업을 지원하기 위해 나라에서 부서까지 만든 것이 대한민국이다. 그런 상황에서 어떻게 게임에 빠져 있는 아이들만을 탓하겠는가. 그러니 게임 또는 연예인에 빠져 있는 아이들을 즉시 빠져나오도록 하겠다는 조급증은 금물이다.

셋째, 樂을 접하게 되는 아주 작은 실마리를 이용해야 한다.

이제 아이들을 게임과 연예인으로부터 구해내는 방법에 대해 이야기하자. 어떤 아이건 부모가 강압과 선도라는 단어를 통해 지도하지 않고 사랑과 관심으로 대한다면 반드시 樂을 접하며 즐거움을 느끼는 순간이 있다. 그런데 훌륭한 부모라면 그 찰나의 순간을 놓쳐서는 안 된다.

예를 들어보자. 책을 전혀 읽지 않는 친구가 어느 날 사극을 보다가 "아빠, 근초고왕이 정말 그렇게 위대한 인물이야?" 하고 묻는다. 바로 그 순간이다. 부모라면 그 순간을 놓쳐서는 안 되는 것이다. 그러나 "응, 근초고왕은 정말 위대한 사람이지." 하면서 설명을 하는 것은 가장 초보적인 방식이다. 그런 방식은 아이들에게, 호기심은 역시 다른 사람이 해결해주는 것이라는 인식을 확인시켜줄 뿐이다. 그보다 나은 방법은 이런 것이다.

"나도 그게 궁금했어. 어쩜 준수랑 아빠랑 똑같은 생각을 했지? 잘됐다. 우리 둘 다 궁금하니까 이 기회에 함께 사전을 찾아볼까?"

그러면 대부분의 아이들은 응할 것이다. 응하는 경우에는 백과사전을 찾아 근초고왕을 찾을 일이다. 그러나 사전이란 게 워낙 압축해서 설명하기 때문에 다시 다른 항목을 찾지 않으면 그 항목을 완전히 이해하기 어렵다. 그러니 그 과정을 부모가 먼저 싫증을 낼 수도 있다. 그러나 적극적인 자세로 아이와 함께 그 작업을 지속한다면 반수 이상의 아이들은 적극적으로 또는 소극적이지만 흔쾌히 따를 것이다. 만일 그 일을 계기로 사전을 한 시간만 들여다볼 수 있다면 아이는 이후부터 모르는 것이 나올 때마다 사전을 펼칠 수 있는 기반을 닦은 셈이다. 그러면 사전이 아이들 뇌리 속에도 지속적으로 각인되는 효과가 있어 기반이 강화될 것이다.

만일 아이들이 거부한다면 어떻게 할 것인가? 그런 경우에 화를 낸다거나 질책을 하는 것이 바람직하지 않다는 것은 누구나 알 수 있다. 혹시 "아빠도 몰라요? 알았어요. 그만두세요." 그 말을 듣는다고 좌절할 필요는 없다. 왜냐하면 부모들도 특별한 분들을 제외하면 백과사전 끼고 살아온 분이 별로 없을 테니까. 인간은 본래 바른 길만 가도록 훈련된 동물이 아니다. 이런 경우에는 부모 혼자 백과사전을 찾는 것이다. 그런 다음 아이에게 친절히 백과사전에서 찾은 내용을 가지고—이때 사전을 지참해서 함께 읽는 것이 중요하다—가서 함께 궁금증을 푸는 것이다. 그렇게 하는데 거부하는 아이가 있겠는가?

그런데 이보다 더 좋은 방법이 있다. 그것은 아이가 묻는 즉시 아이와 함께 서점으로 달려가는 것이다. 그런 다음 근초고왕에 대한 책을 누가 먼저 찾는가 내기를 하거나, 서점 직원들에게 근초고왕에 대한 책을 소개해달라고 요청도 하는 등 책을 선정하는 과정에 적극적으로 아이를 참여시키는 것이다. 그냥 인터넷 서점에서 근초고왕에 관한 책을 사주는 것과 비교하면 이 방법이 얼마나 아이에게 긍정적인 영향을 미치는지 확인할 수 있을 것이다. 이렇게 구한 책에 대한 아이의 애정은 인터넷 서점 박스로 배달되어 오는 책과는 비교할 수도 없다. 바로 이것이 작은 실마리를 놓치지 않고 엉킨 실타래를 푸는 방법이다. 이 방법 외에도 아이의 성격·나이·상황 등에 따라 다양한 방법이 사용될 수 있을 것이다. 이에 대한 다양한 내용은 책의 후반부에 상세히 소개해놓았으니 참고하시기 바란다.

하나 더! 최근 대한민국에서 백과사전 구하기는 말 그대로 바다 한가운데서 가는 바늘 찾는 격이 되고 말았다. 인터넷의 상용화와 더불어 치명적인 상처를 입은 분야가 바로 사전인데, 다른 책 매출이 정체 또는 소폭 하락의 변화를 겪고 있다면 사전 분야는 시장이 완전히 사라졌다. 요즘 아이들이 영어사전이나 국어사전, 하다못해 옥편이라도 펼치는 모습을 본 적이 있으신가? 이렇게 학습과 직접적인 연관이 있는 사전도 사라지는 판인데, 어찌 백과사전을 볼 것인가. 게다가 학부모들 입장에서는 수십만 원을 호가하는 사전을 구비하는 부담도 사라졌다. 그런 이해 관계자들의 입맛이 딱 맞아떨어져 이제 대한민국에서 백과사전은 찾을 수 없다. 물론 헌책방에서는 구할 수 있다. 그런데 새로운 사전이 인쇄되지 않다 보니 헌책방에서도 사전은 귀하신 몸이 되었다. 값도 새 책 못지않다. 그래서 사전을 구하려면 배가 아프고 가슴이 쓰리다.

그러나 한 번만 생각해보자. 훗날 사회 지도층이 된 자식이, "네, 우리 집에는 사전이 없었습니다. 사전이란 첨단 정보화 사회에 뒤진 인간들이나 보는 것이어서 우리 부모님은 감사하게도 사전 따윈 제게 구해주지 않으셨습니다. 대신 모르는 것이 있으면 언제든 인터넷을 검색하도록 지원해주셨습니다."라고 말하게 될까? 그럴 일은 없을 것 같다. 대신 그토록 구하기 힘든 사전이 머리만 돌리면 손에 잡히는 서재에서 공부한 아이야말로 사회 지도층이 되어 있을 거란 상상, 비단 필자만의 생각일까?

재미있는 독서를 향해 출발!

앞서 살펴본 바와 같이 독서에서 즐거움을 얻고 재미를 느끼기 위해서는 사전 작업이 필요하다. 하물며 '재미있는 독서의 시작'에

기술이 필요하지 않겠는가.

독서를 처음부터 재미있다고 느끼는 사람은 극히 드물다. 아니 오히려 독서는 골치 아프고 졸리는 것이라고 느끼는 사람이 더 많은 게 현실일 것이다.

따라서 앞서 살펴본 바 있듯이 책이 재미로 읽는 것이고, 책에서 재미를 느낄 수 있다면 독서 교육이란 것이 필요 없을 것이다. 재미있는 것을 접하게 하는 데 무슨 교육이 필요하겠는가?

처음 접하는 책이 중요하다

독서에 한 번 재미를 느낀 사람은 강제로 책을 빼앗기지 않는 한 평생 책을 친구로 삼는다. 그래서 처음에 독서의 즐거움을 느끼는 것이 중요하다. 반대로 처음에 책이 골치 아프고 졸리는 것이라는 경험을 한 사람은 강제로 책을 쥐어주어도 평생 책을 적으로 삼는다. 그래서 처음 접하는 책이 무척 중요하다. 왜? 첫 경험만큼 강렬하고 인상적인 것이 없으니까.

얼마 전 평소 가깝게 지내던 분의 집을 방문한 적이 있다. 필자는 어떤 집이건 방문하면 우선 책꽂이부터 본다. 특별한 이유가 있어서가 아니라 그게 가장 재미있기 때문이다. 혹시 필자가 못 보았던 책이 숨겨져 있을지도 모른다는 기대감도 있다. 그런데 이 집에는 가장이 보는 몇 권의 경제경영서와 몇 권의 베스트셀러 외에는 책을 거의 찾아볼 수 없었다.

"왜 책을 안 읽으세요?"

"책만 보면 졸려요. 재미도 없고."

"지금까지 책 몇 권이나 읽으셨어요?"

"성서 외에는 읽은 게 없는데."

그분 나이가 50줄로 들어섰으니 평생 한 권의 책도 안 읽은 셈이다. 뭐 특별한 일도 아닐 것이다. 아마 이 땅의 많은 중년들도 그렇지 않을까?

"제가 재미있는 책 한 권 권해드릴까요?"

"그러세요. 그런데 너무 기대는 하지 마세요."

"알았어요."

그러고 나서 필자가 한 권의 책을 권해드렸다. 제목은 《초정리 편지》. 50대 주부에게는 썩 어울릴 것 같지 않은 동화책이다. 그렇지만 책에는 국경도 나이도 없다. 재미있는 책이 내 책이지, 50대에 맞는 책이 따로 있고 초등학생에게 맞는 책이 따로 있는 것이 아니다.

그로부터 한 달 후 다시 그 집을 찾았다. 아니 이렇게 반가울 수가. 거실 탁자 위에 《초정리 편지》가 놓여 있었다. 그것도 새 책이 아니라 분명 누군가 보고 있는 상태였다.

"혹시 이 책 읽으셨어요?"

"맞아, 그 책 너무 재미있어요. 덕분에 평생 처음으로 책 한 권을 다 읽었어요. 아니, 두 번 읽었다."

옆에서 남편이 거드신다.

"내용이 재미있더라고."

이렇게 해서 필자는 또 한 사람, 아니 두 사람의 독자를 탄생시켰다. 역시 처음 접하는 책이 중요하다는 사실을 다시 한 번 확인할 수 있었다.

앞서도 언급했지만 책에는 나이도 없고 국경도 없다. 만일 필자가 50대 주부가 읽어야 한다고 이곳저곳에서 추천한 책을 그분에게 권했다면 그분이 한 권의 책을 끝까지 읽어낼 수 있었을까? 한 여성의 굴곡진 삶을 통해 우리 현대사를 그렸다는 위대한 《토지》 전권을 권했다면? 요즘 쏟아져 나오는 여류 작가들의 신변잡담 같은 수필집을 권했다면? 결코 그분은 독서의 즐거움을 깨닫지 못했을 것이다. 기독교 신자니까 기독교 묵상록 따위를 권했다면 아마 교회 가는 일조차도 끊었을지 모르겠다.

독서란 우아한 교양이 아니다. 독서는 남에게 보이기 위해서 하는 것도 아니다. 따라서 독서에는 필독서必讀書란 게 없다. 반드시 읽어야 할 책이란 없다는 것이다. 내가 읽고 싶은 책, 내가 즐거운 책을 읽으면 된다.

베스트셀러는 가급적 피하라

일반적으로 사람들에게 필독서로 알려지는 책을 보면 대부분 한 시대를 풍미하는 베스트셀러 반열에 오른 책들이다. 그런데 필자는 베스트셀러는 가급적 피할 것을 권한다.

우선 베스트셀러는 매우 평범한 책일 가능성이 높다. 우리나라에서 베스트셀러가 되려면 수십만 부가 팔려야 가능하다. 그런데 수십만 부란 부수는 1년에 책 한 권 정도 읽는 독자들이 읽기 시작해야 가능한 판매 부수다. 그러니 이런 책은 특별한 내용을 담고 있기보다는 모든 사람에게 두루 읽힐 수 있는 내용일 가능성이 높다. 따라서 이런 책은 내용이 독특하거나 특별하기보다는 아주 일반적인 내용으로 이루어져 있기 십상이다. 필자 생각에는 이런 내용의 책까지 읽기에는 우리 삶에 주어진 시간이 너무 짧다. 그래서 필자는 베스트셀러 반열에 오른 책은 가급적 피한다.

또 한 가지 이유가 있다. 어떤 책이 베스트셀러에 오르면 그 책의 내용은 대부분 사람들이 알고 있다고 봐야 할 것이다. 심지어 그 책을 읽지 않은 사람도 이 사람 저 사람으로부터 주워듣다 보면 그 책을 읽은 것 같은 착각에 빠질 만큼 내용이 익숙해진다. 그렇다면 그 책이 주는 지적 호기심은 이미 내 것이 아니라 모든 사람의 것이요, 호기심 자체가 사라지고 만다. 모든 사람이 아는 것이 호기심을 준다? 이건 어불성설이다. 호기심이란 모든 사람이 모르는 것에서 비롯된다. 따라서 베스트셀러는 우리에게 독서의 즐거움을 주기 어렵다. 물론 모두가 가는 길을 갈 때의 편안함은 얻을 수 있다. 그러나 앞서도 말했지만 독서란 모두가 가는 길을 벗어나 내 길을 개척할 때 얻는 즐거움에 비견된다. 따라서 진정 독서를 즐기는 사람은 베스트셀러에 집착하지 않는다.

그렇다고 해서 필자가 베스트셀러에 대한 무조건적 안티인 것은 아니다. 필자 또한 베스트셀러를 읽는다. 다만 그것이 베스트셀러

필자 방에 있는 책꽂이의 일부다. 오래전부터 한 권 한 권 사 모은 책들인데, 특히 시집이 많다. 그 까닭은 시를 좋아해서가 아니라, 그 무렵 책은 읽고 싶은데 집안 사정이 어려웠기 때문에 할 수 없이 값싸면서도 오래 읽을 수 있는 시집을 샀기 때문이다. 그리하여 얼떨결에 시 애독자가 되었다.

라서 읽는 것이 아니라—즉 서점의 베스트셀러 목록에 올라 있기 때문에 선택하는 것이 아니라—우연히 선택하고 보니 그 책이 베스트셀러가 되었다는 점이 다르다. 앞서 언급한 《초정리 편지》도 동화 분야의 오랜 베스트셀러—라기보다는 스테디셀러라고 해야 옳겠지만—이다.

필자는 이 책이 한글에 관한 책이라 선택해서 읽었다. 평소에도 우리말에 관한 책은 거의 빼놓지 않고 읽는다. 그러다 보니 동화부터 만화·평론집·학술서·소설에 이르기까지 두루 읽는다. 그러다 걸린 책이 바로 《초정리 편지》다. 과거에도 현재도 필자는 책을 처음 접하는 분들에게 빼놓지 않고 이 책을 권하고 있으며, 미래에도 그럴 것이다. 책의 세계로 들어가는 입구로는 이보다 찬란한 문도 별로 없기 때문이다.

자기 스스로 선정하라

독서를 할 때 가장 어려운 일이 책을 선택하는 것이다. 그런 까닭에 여러 단체에서 권장 도서 목록을 발표하기도 하고 또 학교와 도서관 등에서도 학년별·과목별·연령별로 추천도서 또는 권장도서를 발표하기도 한다. 이는 개별 독자 입장에서는 하루에도 수백 권씩 쏟아져 나오는 책들 가운데 어떤 책을 읽을 것인지, 또 내게 재미를 주고 유익한 책이 어떤 것인지 모르기 때문에 이루어지는 작업일 것이다. 그런데 이러한 작업을 하는 분들도 어떤 책을 추천하고 권장할 것인지 무척 어려움을 겪는다고 한다. 한 사람이 읽을 수 있는 책의 양이 정해져 있는 상황에서 객관적인 판단에 따라 세상 모든 책을 고르는 일은 거의 불가능에 가깝기 때문이다. 게다가 사람마다 독서에 임하는 상황은 생김새만큼이나 천차만별이다. 따라서 자신에게 즐거움을 줄 책은 자신이 선택하는 것이 가장 바람직하다.

그러나 처음 독서의 세계에 발을 들여놓을 때는 그것도 쉽지 않은 일이다. 만일 처음 책을 읽기로 작정한 사람이, 인간이라면 반드시 읽어야 한다고 배워온 단테의 《신곡》이나 괴테의 《파우스트》를 선택한다면 그 사람은 독서의 문을 들어서는 순간 발길을 돌릴 것이 분명하기 때문이다. 그렇다고 베스트셀러도 썩 좋은 선택이 아니라면 도대체 무얼 읽는단 말인가? 이럴 때 가장 좋은 방법이 서점에 가서 자기가 좋아하는 분야 코너 앞에서 온갖 종류의 책을 꺼내 보는 것이다. 만일 내가 역사에 관심이 있다면 역사 코너에 가서 수많은 책들을 그저 들추어보는 것이다. 그러다 보면 관심이 가는 책―내용이 관심이 가건, 장정이 마음에 들건, 디자인이 예쁘건, 아니면 그 안에 좋은 그림이나 사진이 들어 있건―이 한두 권은 있을 것이다. 그런 책을 사서 집에 오면 된다. 그런데 와서 읽어 보니 너무 재미가 없으면 어떡할까? 이런 것을 기우杞憂라고 한다.

안 읽어도 책은 사라

책과 관련한 격언 비슷한 것 가운데 이런 말이 있다.

'한 번 사놓은 책은 언젠가는 손때를 탄다.'

그러니까 오늘 사 왔는데, 두세 쪽 읽고 나서 즉시 '왜 샀을까?' 하는 생각이 들더라도 후회하거나 걱정하지 말라는 얘기다. 그런 책은 책꽂이에 잘 모셔두면 된다. 그럼 언젠가-1, 2년 후에 갑자기 그 책을 읽고 싶어질 수도 있고, 수십 년 후에 내 자식 아니면 손자가 그 책을 읽을 수도 있다는 말이다-그 책도 독자를 찾아간단 말이다. 이런 경험이 필자에게는 수도 없이 많다. 지금도 필자의 책꽂이에는 수십 년 전 아버지, 형, 동생이 사놓은 책들이 부지기로 꽂혀 있다. 그리고 그런 책들은 늘 필자의 선택을 기다리고 있다. 게다가 책 좋아하는 사람들은 대부분 속독 훈련이 자동적으로 이루어진다. 웬만한 사람보다 서너 배는 빨리 읽는다. 특별히 속독 훈련을 해서 그런 게 아니라 읽다 보면 빨라진다. 그래서 최근 출간되는 책들의 가로쓰기에 큰 글씨보다, 세로쓰기에 깨알 같은 글씨로 이루어진 옛날 책들이 빠른 시간 내에 읽기에는 더 좋을 때도 있다. 그러니 옛날 책이라고 창고에 쌓아두어서는 안 된다.

가끔 아파트 재활용 공간을 지나다 보면 펴보지도 않은 채 버려지는 옛날 전집류를 발견하곤 한다. 물론 발견 즉시 그 책은 우리 집 책꽂이로 모셔진다. 그런 책을 보면 가슴이 두근거린다. 얼마나 즐거운 시간인가. 수십 년 전 책이 내 방으로 들어온다니! 게다가 그전에는 단 한 번도 펼쳐진 적이 없는 처녀의 모습으로 말이다. 어

 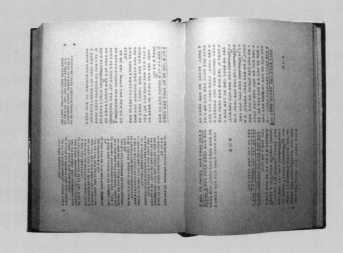

● 수십 년 전, 그러니까 전집류가 응접실을 장식하는 게 대한민국 주택의 일반적인 추세였던 시절에 우리 집에 있던 책이다. 아마 가족 가운데 누군가가 지인의 청을 거절하지 못해 사놓은 책일 것이다. 그런데 그 책을 최근 들어 위 사진처럼 줄을 그어가면서 읽었다. 제목은 아리스토텔레스의 《시학》. 역시 한 번 집안에 들어온 책은 언젠가는 누군가의 손때를 탄다는 사실을 실감했다.

떻게 아느냐고? 한 번 펼쳐보면 종이가 쫘악 소리를 낸다. 이는 처음 책이 제본된 순간부터 오늘까지 한 번도 공기가 주입된 적이 없다는 증거다. 그러니 그 책은 수십 년 만에 처음으로 책으로서 기능하는 것이다. 그전에는 물론 누군가의 집에서 거실 장식품으로 쓰였을 것이다.

재미있는 책 권해드립니다

책을 스스로 선택하기 어려울 때는 처음 단계에서 누군가의 도움을 받는 것도 좋다. 다만 그 도움을 주는 사람이 누구냐가 무척 중요하다. 그 사람이 독서를 교양의 수단으로 여기는 사람이라면 자신이 읽은 책 가운데 멋져 보이는 책을 권할 것이고, 독서를 학습의 수단으로 여기는 사람이라면 학습에 관한 머리 아픈 책을 권할지도 모른다. 또 특별히 만화를 즐기는 사람이라면 만화를 권할 것이고, 음악을 좋아하는 사람이라면 음악과 관련된 책을 권할 수도 있다. 따라서 누구의 도움을 받느냐가 무척 중요하다.

그래서 다음에는 처음 독서의 세계로 진입할 때 누구나 즐겁게 수용할 만한 책들 몇 권을 소개하고자 한다. 물론 이 또한 필자의 주관적 판단이다. 다만 필자는 단 한 사람이라도 독자가 늘어나야 우리나라가 발전하고 우리 사회가 선진국으로 진입하며 출판사를 운영하는 입장에서 수익도 늘어날 것이기 때문에, 멋진 책을 권하지도 않을 것이고 필자가 좋아하는 분야의 책을 권하지도 않는다.

오직 한 가지! 이 책을 읽고 나서 "와! 책이란 게 이렇게 재미있는 것이구나. 게다가 술 한 잔 하는 데 10만 원이고 골프 한 번 치는 데 20만 원이라는데 책 한 권에는 고작 1, 2만 원밖에 안 하네. 앞으로는 책 모으는 재미로 살아야지." 하고 감탄하실 만한 책만 권한다.

그렇게 해서 독서의 문으로 들어서신 후에는 앞서 말한 대로 스스로 선택해서 읽으실 일이다. 필자의 의무는 독서의 문 안으로 안내하는 데서 끝날 테니 말이다.

참고로 다음에 권하는 책들은 다만 독서를 처음 시작하는 초등학교 중학년 이상 100세가 넘으신 분까지를 대상으로 한다는 점을 알아두시기 바란다. 책에는 나이가 없다는 사실을 환기시켜드리는 것이다.

1. 《초정리 편지》 — 배유안 지음 ★(난이도)

앞서 설명한 바 있으니 부연설명하지 않겠다.

2. 《소설 동의보감》 — 이은성 지음 ★☆

수십 년 전 처음 이 책을 손에 잡았을 때의 느낌은 지금까지도 생생하다. 총 세 권으로 되어 있는 이 책을 10여 쪽 읽은 후부터 한 장을 넘길 때마다 아까워서 마음이 오그라들던 기억 말이다. 얼마나 재미있으면 세 권이나 되는 책인데 불과 10여 장 넘긴 후부터 아까워했을까? 그런데 그토록 재미있는 책이 다만 세월이 지났다는 이유만으로 요즘은 거의 읽히지 않는 듯하다. 재미있고 좋은 책은 시대가 흘러도 똑같은 가치를 지니는데 말이다. 한마디 더

하자면, 이 책을 통해 필자는 활자를 이기는 영상은 절대, 결코, 분명히, 하늘이 두 쪽 나도 없다는 사실을 깨달았다. 허준 대 전광렬? 유의태 대 이순재? 이 책을 근간으로 MBC에서 만든 드라마 〈허준〉을 보면서 당황했던 기억이 절로 떠오른다.

3. 《징비록》 — 류성룡 지음 ★★☆

'고전이 왜 고전인가?' '고전은 왜 죽었다가 다시 살아나는가'를 일깨워주는 책이다. 필자는 이 책을 오래전 '을유문고' 본으로 읽은 적이 있었다. 그런데 이 놀라운 책에 대해 아는 사람이 너무 적었다. 대부분의 교과서에 나오는 고전이란 것들이 '모두들 알지만 아무도 읽지 않은 책'이기는 하지만, 이 책은 제목을 아는 사람도 적었다. 하지만 이 책은 대단히 재미있었다. 어느 땐가는 지하철 안에서(지하철을 탈 때는 주로 작고 얇은 책을 읽는다) 이 책을 읽다가 눈물을 흘린 적도 있었다. 서애 류성룡 선생이 임진왜란을 겪은 선조로서, 후손들에게 자신과 겨레가 겪은 아픈 교훈을 전해주기 위해 쓴 만큼 대단히 실용적이고 구체적이다. 그래서 다른 고전들과는 달리 무척 생생하고 쉽다. 결국 필자는 이 책을 현대인이 접하기 쉽게 만들겠다는 뜻을 세우고 터무니도 없는 한자 실력을 동원해 번역까지 했다. 다행히도 이 책이 탄생한 1607년부터 400년 가까이 전파된 숫자보다, 다양한 일러스트 자료까지 넣어 책의 숨결을 불어넣은 2002년 이후 10년 동안 전파된 숫자가 더 컸다. 필자는 그 어떤 출판물보다 이 책에 애착을 가지고 있다. 조선 선비의 참된 이웃 사랑 정신을 되살렸다는 긍지와 함께 수많은 사람들이 이 책을 읽고 재미있다고 여기며 고전에 대한 관심을 키우고 있기 때문이다.

4. 《겨울 노래》 ─ 황동규 지음 ★★★★

이 책은 사실 독서 초보자가 읽기에는 무거운 감이 없지 않다. 그렇지만 필자가 평생의 친구로 삼고 곁에 둔 책이라 소개한다. 잘은 모르겠지만 시인인 황동규의 첫 산문집인 이 책을 지금은 구할 수 없는 것 같다. 물론 다른 산문집에 부분 부분 수록되어 있는 듯한데 온전히 이 책과 같은 책이 판매되는지는 잘 모르겠다. 여하튼 '즐거운 편지'라는 시로 잘 알려진 황동규는 소설가 황순원의 아들로도 유명한데, 필자에게는 부친만큼이나 값진 작가로 기억된다. 책에는 한 편의 시가 어떻게 탄생하는가에 대한 솔직하고도 재미있는 사고 과정이 펼쳐지기도 하고, 소박한 산문이 실려 있기도 하며, 꽤나 복잡한 시론詩論이 전개되기도 한다. 그럼에도 이 책을 소개하는 것은 앞서도 언급한 바 있듯이 책이란 것이 재미있는 부분만 읽고 재미없으면 옆으로 치워놓으면 되는 존재라고 여기기 때문이다. 독서 초보자라 하더라도 몇 편의 산문은 참으로 재미를 느낄 것이다. 그리고 시와 산문의 행복한 결합이 무엇인지도 확인할 수 있을 것이다.

5. 우리나라 초기 단편소설들 ★☆ - ★★★

우리나라에서 단편소설이 발표되던 초기 작품들, 이를테면 이효석이나 김정한, 김동인 등의 작품들은 한결같이 재미있다. 게다가 이 작품들은 고등학생들의 필독서이기도 하다. 그러니 청소년들에게는 재미와 학업을 동시에 달성할 수 있는 작품들인데, 한 가지 아쉬운 점이 있다면 이 작품들이 필독서가 되면서 청소년들이 공부의 일환으로 여긴다는 점이다. 그래서 가능하다면 중학교 저학년 무렵에 이 작품들을 접할 수 있도록 하면 어떨까 하는 생각

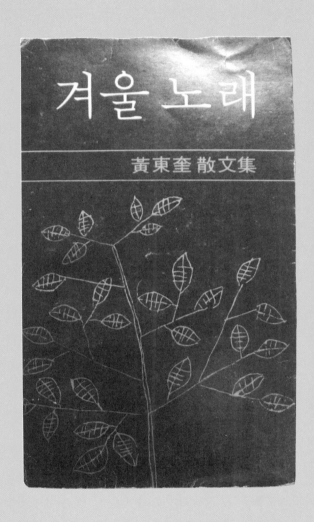

필자가 소장하고 있는 황동규 산문집 《겨울 노래》. 아마 10여 번, 내용에 따라서는 그 이상 읽은 책인데, 온전히 손때만으로 사진에서 보듯이 잔잔한 흠집이 났다. 이런 책을 만질 때마다 지난 시절의 젊음과 삶을 되돌아보게 된다.

이다. 중학교 1, 2학년 무렵에는 성적 신경 쓰지 않고 책 읽을 수 있을 테니 말이다.

6. 《두 도시 이야기》 — 찰스 디킨스 ★★★

찰스 디킨스는 자타가 공인하는 이야기꾼이다. 그래서 모든 작품이 재미있다. 특히 《올리버 트위스트》는 불후의 명작이기도 하다. 영화로도 유명하니까 내용도 쉽게 이해될 것이다. 그래서 《올리버 트위스트》를 읽으면 좋겠다. 그런데 필자는 《두 도시 이야기》를 더 좋아한다. 추리적인 기법이 가미된 소위 '스릴과 서스펜스'의 매력이 넘치기 때문이다. 물론 독서 완전 초보자는 이 작품을 읽기가 약간 힘들지 모른다. 우선 두께가 꽤 되니까. 그래서 《동의보감》 정도를 읽고 난 후에 본격적으로 재미있는 작품을 원하는 분이 있다면 이 책을 권하고 싶다.

7. 《보물섬》 — 로버트 루이스 스티븐슨 ★☆

이건 청소년용 책인데, 청소년이라면 처음 접하는 작품으로도 나쁘지 않을 듯하다. 워낙 재미있으니까. 음, 독서에 재미를 붙이려는 어른에게 어쩌면 더 좋을지도 모른다. 어린이용 도서 가운데 생각보다 훨씬 재미있는 작품이 많다는 사실을 깨닫게 될 것이다.

8. 《산하》 — 이병주 ★★

이병주 또한 타고난 이야기꾼으로 누구에게도 뒤지지 않는다. 게다가 그는 신문 기자 출신이다. 그런 까닭에 그의 글은 쉬울 뿐만 아니라 속도감도 남다르다. 이야기를 이끌어나가는 데 겉멋을 부리지 않는다. 그래서 필자가 이 책을 읽던 중학생 무렵, 일곱 권인가 여덟 권이었음에도 책장 넘어가는 게 아까웠던 또 하나의 책으로 기억된다. 요즘에는 이 책을 기억하는 독자가 썩 많지 않은 듯한데 정말 재미있다. 게다가 시대상을 그린 작품임에도 가슴을 끝까지 흥분시키는 사랑 이야기가 애틋하다. 첫사랑에 대한 기억이 가물가물한 분이라면 필독할 만하다.

9. 《별》— 알퐁스 도데 ★

사실 삼척동자도 알 만한 책들은 여기에서 추천하지 않았다. 예를 들면 《어린왕자》나 《꽃들에게 희망을》처럼 어떤 방식으로건 접할 수밖에 없는 작품들 말이다. 그럼에도 빠뜨리고 싶지 않은 책이 바로 알퐁스 도데의 《별》이다. 그 외에도 도데 작품은 모두 좋다. 그것도 초보자에게. 그러니까 이 책은 앞의 《초정리 편지》 같은 경우인 셈이다. 누구나, 어느 단계에서나 권할 만한 책 말이다.

10. 《뱃놀이하는 사람들의 점심》— 수잔 브릴랜드 ★★★★

성인 대상 강연을 할 때면 빠뜨리지 않고 권하는 책이다. 현대소설임에도 고전보다 더 깊고 넓은 곳으로 삶을 이끌 수 있는 작품이다. 다만 초보자가 읽기에는 너무 두껍고 그림에 관한 책이라 낯설게 느껴질지도 모른다. 그래도 워낙 재미있고 잊을 수 없는 작품이라 권한다. 또 하나 권하는 이유가 있다. 이 작가의 후속 작품을 읽고 싶은데 그 출판사에서는 출간 계획이 없단다. 그 이유는 이 책의 투자 대비 손실이 너무 크기 때문이란다. 그러니 나라도 나서서 어느 정도 팔리게 해야 다른 작품을 읽을 수 있지 않겠는가.

본격적인 독서를 위해 알아야 할 몇 가지

본격적인 독서에 반드시 필요한 요소 몇 가지를 살펴보기로 하자. 세상의 모든 예술 작품은 알고 보면 수학이요, 논리다. 그럼에도 많은 사람들이 이 엄연한 사실을 간과하며 살아간다.

"예술은 수학과 가장 거리가 멀리 떨어져 있는 거 아닌가요? 예술 하겠다고 나서는 사람들 보면 대부분 수학 공부 못하던데?"

그래서 예술가로 성공하는 사람이 적은 것이다. 예술은 수학적 논리가 밑바탕에 깔리지 않으면 성공하기 어렵다. 음악이나 미술 외에 문학도 마찬가지다. 물론 문학, 즉 소설이나 시를 쓸 때 수학적 논리를 적용시키려 애쓰는 작가는 거의 없다. 그러나 알고 보면 그들 또한 잠재적으로, 또는 무의식적으로 그러한 논리를 적용시킨다. 작품을 수학적인 논리의 틀에 맞춤으로써 독자가 작품을 읽을 때 "아, 이 작품이 중구난방으로 흩어지는 것이 아니라 분명한 논리의 전개 과정을 거치며 완성되었구나." 하는 정서적 논리 말이다.

그렇다면 그러한 수학적 논리가 예술 속에서 드러나는 것은 없을까? 있다.

예술은 논리다　　음악에 수학적 논리가 적용된다는 것을 모르는 음악 애호가는 거의 없다. 아, 물론 음악이라고 할 수 없는 소음에는 그런 논리가 적용되지 않는다. 최근 우리 청소년들이 논리적 사고를 못 하는 데는 소음에 불과한 상업용 사탕발림 노래가 난무하는 사회적 풍토도 한몫 단단히 하고 있다. 걸친 것이라고는 속옷만도 못한 옷차림에 성인도 하기 힘든 잠자리 몸짓, 그리고 타고난 자연스러운 얼굴 대신 인위적으로 고친 얼굴 모습에 이르기까지 인간성은 사라지고 오직 돈의 논리(이것을 경제적 논리니 산업적 논리니 효율성이니 하는 단어로 포장하면 안 된다. 그런 언어의 유희 때문에 쓰레기가 대단한 문화나 되는 것처럼 오인되니까)만이 작동되는 대한민국 대중문화는 이제 한류韓流라는 가면을 쓰고 이 나라를 넘어 아시아로 전파되고 있다.

그러나 반드시 기억해야 할 일이 있으니 세계인에게 사랑받는다고 해서 모두 인간에게 이익이 되고 긍정적인 것은 아니다. 그런 논리라면 마약으로 유명한 콜롬비아도 고통 속에 신음하는 전 세계인에게 행복을 전해주는 마약을 공급하니 '콜류'의 전파자로 인정받아야 하는가? 미국은? 플레이보이니 펜트하우스니 따위의 오프라인 매체에 이어 이제 온라인을 통해 각종 섹스 산업을 전 세계에 퍼뜨리고 있으니 대단한 나라인가? 대단한 나라이기는 하지만 그것 때문은 아니다. 그렇게 돈이 좋으면 제발 다른 나라에나 한류를 팔아먹기 바란다. 우리나라 청소년들은 그런 쓰레기 더미 속에서 구해내야 하지 않겠는가?

이 거대 산업화된 쓰레기 대중문화 때문에 우리 청소년들이 하도 피해를 보기 때문에 한마디 했을 뿐이니 이해해주시길.

여하튼 모든 예술에 논리가 작동한다는 데는 이의를 달 수 없다. 음악의 경우, 음악의 아버지라고 불리는 바흐는 평균율 클라비어 곡을 작곡했는데, 이때 클라비어는 피아노의 전신 악기다. 그렇다면 평균율은? 평균율well-tempered tuning은 한 옥타브를 똑같은 크기의 12개 반음으로 나누는 조율 체계인데, 처음 이 체계가 나타난 것은 16세기 무렵으로 알려져 있다. 그것도 한 곳이 아니라 유럽·중국 등에서 앞서거니 뒤서거니 하면서 말이다. 알고 보면 무척 어려운 내용이라 음악책도 아닌 여기서 깊이 있게 다루는 것은 지면 낭비일 테니 궁금하신 분은 백과사전·음악 사전을 찾거나 아니면 바흐 음악을 들어보시기 바란다. 여하튼 들어보면 무척 단순한 듯한 피아노 독주곡에도 이런 복잡하고 치밀한 논리가 내포되어 있다. 그뿐이랴? 대부분의 기악곡에서 채용하고 있는 소나타 sonata 형식은 자동차 형식이 아니라 '제시부 – 발전부 – 재현부 – 코다'의 순서로 이루어지는 음악 표현 체계를 가리킨다.

상상력 또한 논리 체계의 산물이다　　　'가장 자유로워야 할 음악에 웬 틀?' 하고 생각하실 분이 계실 것이다. 그러나 아무 논리도 체계도 없는 자유는 자유가 아니라 방종이다. 게다가 그런 방식으로는 자유를 끊임없이 확대시켜 나갈 수도 없다. 즉, 상상력이라는 것도 일종의 체계를 통해 더욱 확장될 수 있다는 것이다. 이와 관련해서 필자는 늘 "상상력에도 급수가 있다"라는 말로 설명하는데, 우리가 착각하고 있는 것 가운데 하나가 "상상력은 말 그대로 상상이잖아. 그러니 못 할 게 뭐가 있어?" "상상 속에서 못 할 것은 없지. 그러니까 사람마다 상상력의 크기에 차이가 있다는 말도 어불성설이지." 같은 말이다.

절대 그렇지 않다. 개인 사이에도 상상력의 크기는 무척 크다. 이 사실을 확인하기 위해 간단한 실험을 해보자. A4 용지 한 장씩을 주위 사람들에게 나누어준 후 다음과 같은 질문을 던진다.

"인간이 지구를 탈출하는 방식에 대해 마음껏 쓰세요."

이런 질문을 받은 사람들이 과연 몇 가지 방법이나 쓸 수 있을까? 독서량이 부족한 사람은 대부분 반 쪽 이상을 채우기 힘들 것이다. 반면에 독서량이 많은 사람이라면 A4 앞면 정도는 어렵지 않게 채울 것이다. 만일 A4 앞면을 넘어 뒷면까지 넘어가는 사람이 있다면 독서 외에 그림·음악 등 다양한 예술적 체험을 한 사람이 분명하다. 결론적으로 상상력이란 말 그대로 아무나 생각해서 만들어낼 수 있는 게 아니라 초기에는 모방을 통해, 다음에는 모방을 통한 창조를 통해 확장시킬 수 있는 논리 체계인 것이다.

책에도 논리가 내포되어 있다　　독서 이야기를 하다가 웬 논리 이야기를 이렇게 지루하게 하고 있을까? 그건 책에도 똑같은 논리 체계가 내포되어 있기 때문이다. 그리고 당연히 책 속에 담겨 있는 논리 체계를 이해하고 있는 사람과 이해하지 못하는 사람 사이에는 독서의 효율성에 큰 차이가 있다.

우리가 접하는 문학 속의 논리 가운데 첫 번째는 기-승-전-결이라는 흐름이다. 이 흐름이 무엇인지 사전을 살펴보면 한시漢詩의 구성 원리라고도 하고 논설문의 구성 형식이라고도 하며, 문장의 전개 형식이라고도 하는데 모두 맞다. 그 연원淵源이 한시라 해도 오늘날 모든 글로 확대되어 사용된다면 그게 정답일 테니까.

여하튼 '기起'는 글을 시작하는 부분, '승承'은 '기'를 이어받아 전개하는 부분, '전轉'은 '승'의 내용을 부연하거나 전환하는 부분, '결結'은 글 전체를 맺는 부분이다. 이는 앞서 살펴본 음악의 소나타 형식과 흡사하다. 즉 사람들의 감성을 움직일 수 있도록 예술을 전개, 발전시키는 방식은 음악이 되었건 문학이 되었건 비슷하다는 말이다. 그러니 책에도 그런 논리가 있는 것은 당연하다.

그런데 이 사실, 즉 책에도 논리가 있다는 말은 독서를 처음 시작하는 사람이건 독서를 효율적으로 하려는 사람이건 누구에게나 중요한 것이다. 왜?

처음 책을 잡으면 '기'를 넘어야 한다 독서를 하는 분들을 보면 사람에 따라 천차만별의 행동을 보인다. 어떤 이는 책을 잡으면 끝을 보는가 하면, 또 어떤 이는 일단 맛만 본 다음 책을 덮어놓고 시간이 지난 다음 다시 본다. 또 누군가는 필요한 부분만 보기도 하고, 책에 연필로 단 한 줄·한 글자만 표시해놓아도 큰일 나는 것으로 여기는 분도 계시다.

어떤 독서법이 옳고 다른 어떤 것은 그르다고 말할 수는 없을 것이다. 책의 종류에 따라, 또 책을 읽는 사람의 성격에 따라, 독서 수준에 따라 다를 수 있기 때문이다.

그러나 문학, 나아가 글에 논리가 있고 책에 논리가 있다면 다음 한 가지는 유의할 필요가 있다. 처음 책을 잡는 사람이 어떤 책에 흥미를 느끼기 위해서는 앞서 살펴본 기-승-전-결 가운데 '기'를 넘겨야 한다는 사실이다. '기'는 앞서도 살펴보았지만 글을 시작하는 부분이다. 즉, 책의 재미를 본격적으로 전개해나가는 부분이 아니라 재미를 전달하는 데 반드시 필요한 기반을 조성하는 부분인 셈이다. 이 정도 사실은 책을 많이 읽은 사람이라면 대부분 알고 있다. 그래서 책의 앞부분에서 다소 느린 전개가 이어지거나 사건의 배경이 되는 부분을 천천히 설명하더라도 다 이해하고 넘어간다. 그러나 독서를 처음 시작하는 사람이라면 이야기가 달라진다.

"뭐가 이렇게 재미없어? 재미없으면 읽지 말라고 했으니까 그만 읽어야지."

"왜 사건은 안 일어나고 지루한 설명만 계속되는 거야?"

이런 반응이 나타나는 것이다.

《흥부전》을 예로 든다면, '기' 부분은 놀부와 흥부가 살았는데 놀부는 마음씨 나쁜 형이요, 흥부는 마음씨 좋은 아우라는 내용까지다. 물론 그 내용을 자세히 살펴보면 놀부의 나쁜 마음씨를 설명하는 많은 내용이 담겨 있지만 여하튼 간추리면 그렇다. 그러므로 그 내용이 꽤나 재미있음에도 다음 내용이 궁금하지는 않다. 그 자체로 종결될 뿐만 아니라 연결 고리가 뒷부분을 묶고 나타나지 않기 때문이다.

그러나 '흥부가 놀부에게 쫓겨나 이리저리 다니다가 가까스로 집터를 잡고 아침은 굶고 점심은 건너뛰고 저녁은 쉬면서 살다가 우연히 제비가 구렁이 공격을 받아 떨어져 다리를 다치고…' 하는 '승'의 일부분까지 읽고 나면 이야기가 달라진다.

'다리를 다쳤는데 제비가 살았을까? 아니면 다리가 부러져 깁스를 하고 날 수가 없어서 흥부네 집에서 함께 살았나?'

'아니야, 분명 제비가 나은 다음에 흥부네 가족 모두를 이끌고 강남으로 이사를 갔을 거야. 강남이 대한민국에서 가장 살기 좋은 곳이잖아.'

'야, 강남은 살기 좋은 곳이 아니라 아파트 값이 비싼 곳이야. 그래서 강남에 갔다가 집을 장만하지 못해서 다시 쫓겨 왔을 게 분명해.'

이런 상상이 가능할 뿐만 아니라 자신의 상상이 맞을지 또 다른 사건이 발생할지 궁금해지는 것이다. 결국 '승'은 독자의 호기심을 끌어내 이야기에 묶어주는 연결 고리가 작동하는 부분인 셈이다.

그렇다면? 당연히 책을 잡으면 '승' 부분으로 접어든 다음에 손을 놓아도 놓아야 한다는 말이다. 그래야 책의 줄거리·전개 방향·주제 따위가 머릿속에 입력된다. 그리고 한 번 입력된 호기심은 계속 책의 행방을 뒤쫓게 되고 그래서 짧은 시간 안에 다시 책에 손이 가게 되는 것이다. 그러나 '승' 부분까지 도달하지 못한 채 책에서 손을 떼면 그 책을 다시 잡아야 할 필연성은 그만큼 떨어진다. 그 책을 읽겠다는 의지가 그 책으로 인도할 뿐 머릿속을 지배하는 호기심과 재미가 독자를 책으로 이끄는 것은 아니라는 말이다. 결국 오래된 독자라면 자기 스스로 책 한 권을 읽는 방법을 터득한 상태이기 때문에 어떤 방식도 선택할 수 있다. 그러나 초보자라면 반드시 '기' 부분을 넘어 '승' 부분에 진입한 다음에 일단 쉬어가는 게 중요하다.

이러한 이유 때문에 초보자에게 너무 두꺼운 책은 좋지 않다는 것이다. 책이 두꺼울수록 '기' 부분 또한 길어질 수밖에 없기 때문이다. 처음 책을 접하는 사람이라면 책이 시작한 후 서너 쪽 내에서 작은 즐거움이라도 느껴야 한다. 그뿐이랴? '기' 부분이 열 쪽을 넘겨서도 안 된다. 그만큼 처음 책을 접하는 사람은 책에 대한 인내력이 형성되지 않은 상태이기 때문이다. 다행히도 특별한 예외를 제외한다면 기−승−전−결 가운데 '기' 부분은 짧다. 어떤 책의 경우에는 출발부터 '승'으로 진입하는 경우도 있다. 그러나 이런 책이 훨씬 재미있다고 여기면 오산이다. 왜냐하면 그런 경우는 '기'가 없는 게 아니라 '승' 도중에 '기'가 나타나는 도치적인 형식을 띠는 게 일반적이기 때문이다. 그런 경우 초보 독자라면 처음에는 재미를 느끼다가 중간에 가서 갑자기 혼란스럽게 여기기 쉽다. 그렇게 되면 책에서 마음이 떠나는 것도 시간문제다. 그래서 형식을 파괴한 책의 경우에는 오히려 초보자가 아니라 오래된 독자에게 더 어울린다.

결론적으로 말하자면 독서 초보자를 독서로 인도하기 위해서는 이런 점도 결코 가벼이 여겨서는 안 된다. 뒤에 나오겠지만 아이들과 함께읽기를 할 때도 반드시 '승' 부분에 진입한 다음에 멈추도록 하는 것이 중요하다. 그래야 아이가 "엄마, 그 다음 빨리 읽어

쥐.” 하고 칭얼대기 때문이다. ‘기’ 부분에서 멈추고 밥 하러 가면 ‘흐유, 재미도 없는데 잘됐다.’ 하고 한숨을 내쉴지도 모른다.

독서의 진화 단계

앞에서 독서란 재미로 하는 거란 말씀을 거듭 드렸다. 재미, 재미, 재미! 이 단어를 잊으면 안 된다. 독서를 재미로 시작하지 않고 다른 이유, 예컨대 학습이니 논술이니 마음의 양식이니 하는 단어와 연계해 시작하면 평생 독서는 자기계발을 위한 족쇄가 되어 우리를 괴롭히게 된다. 그래서 가능하면 이런 단어와 독서를 연계시키지 말아야 한다. 특히 어린이들에게 '논술 독서'니 '독서 학습'이니 하는 개념을 주입시키거나 도입시키지 않기를 진정으로 바란다. 그런 방식을 동원하는 순간 아이들은 '독서=공부'라는 등식으로 받아들인다. 공부도 지겨운데 독서까지? 책 볼 시간 있으면 게임을 하지…….

부모도 마찬가지다. '독서=논술=학습'이 되어야 하니까, 부모는 연속극 보고 아이들은 독서 하는 게 당연지사가 되는 것이다. 그러나 독서는 절대 논술이나 학습이란 단어와 연계해서 사용하면 안 된다. 그렇다고 해서 독서가 논술이나 학습에 도움이 안 된다는 말이 아니라는 사실은 앞서 말했다. 독서는 논술이나 학습에 도움이 되는 정도에서 그치는 것이 아니라 인간을 인간으로 성장시키는 최고의 수단이자 살아가는 목적이기도 하다.

독서는 결코 제자리에 머물지 않는다. 독서라고 하는 행위 자체도 그러할 뿐 아니라 독서를 하는 독자도 결코 제자리에 머물지 않는다. 읽은 만큼 앞으로 나아간다는 말이다. 다음에는 독서가 어떻게 진화해나가는지 살펴보자.

쇼생크 탈출 독서론

독서가 한 사람의 삶에서 일정한 역할을 하기 위해서는 진화해나가는 과정이 있다. 누구는 의식적으로, 또 누군가는 무의식적으로 이 과정을 통해 독서를 자신의 삶 속 깊이 뿌리내리게 하는 것이다.

그런데 이와 관련해서 이야기하기 전에 갓길로 잠깐 접어들겠다. 필자는 고전음악을 좋아한다. 이렇게 말하는 것이 조심스럽기도 한데, 왜냐하면 우리나라에서는 모든 게 공부로 통하기 때문이다. 그러니까 고전음악, 소위 클래식 음악을 들으려면 공부를 해야한다는 편견이 있다. 도대체 음악 듣는 데 무슨 공부? 그냥 좋으면 듣는 거지.

　그런데 '왜 이런 생각들을 갖는 것일까?' 하고 고민한 끝에 내린 결론은 이렇다. 클래식 음악 가운데 대표적인 곡이 된 모차르트 오페라 〈피가로의 결혼〉에 나오는 '편지의 이중창'을 예로 들어보겠다. '편지의 이중창'이라고 말하면 아는 분도 계실 테고 모르는 분도 계실 것이다. 그런데 영화 〈쇼생크 탈출〉에 나오는 음악! 하면 모르는 분이 거의 없으실 것이다. 주인공 앤디(팀 로빈스 분)가 교도소의 방송실 문을 걸어 잠그고 틀던 곡이다. 이 노래가 온 교도소를 울리자 태어나서 모차르트라고는 한 번도 들어본 적 없을 것 같은 죄수들이 모두 넋을 잃고 듣는 장면이 지금도 새롭다. 두 명의 여성이 부르는, 차마 아름답다는 말로는 그 황홀함을 다 표현할 수 없을 것 같은 곡이 바로 '편지의 이중창'이다. 그래서 이 곡은 세계인의 애청곡이 되었다. 물론 우리나라에서도 귀가 아프도록 들을 수 있었다.

　그렇다면 도대체 이 아름다운 곡의 내용은 무엇인지 궁금하지 않을 수 없다. 두 여자가 도대체 무슨 이야기를 그렇게 나누고 있는 것인지 궁금해지는 것이다. 여기부터 모든 이야기는 시작되고 인간의 역사는 시작된다. 너무 거창하다고? 결코 거창하지 않다. 너무 사소한 차이고 그것이 인류 역사를 이끌어온 진실이기 때문이다. 그 가사 내용이 궁금한 사람과 궁금하지 않은 사람, 바로 그 사소하다면 너무나 사소한 것 같은 차이가 인류 역사를 이룬 창조자와, 창조자의 뒤를 밟아 살아가는 범인凡人의 차이로 나타난다.

잠깐 설명한다면 노래 가사는 피가로와 혼인하기로 되어 있는 하녀 수잔나와 백작 부인이, 수잔나를 꼬여 초야권을 행사하려는 백작을 속이기 위해 작전을 짜고 백작에게 전달할 가짜 편지를 작성하는 내용이다.

놀랍지 않은가! 그토록 아름다운 노래가 알고 보니 사람을 속이기 위한 작전 짜기였다니! 그것도 아내가 자기 남편을. 그런데 이 놀라움은 훨씬 더 큰 놀라움을 우리에게 가져다준다. 그 놀라움은 다름 아닌 모차르트 음악의 본질에 대한 것이다. 모차르트는 왜 이런 내용의 음악을 그토록 아름다운 선율로 표현했을까? 게다가 백작의 부인과 하녀가 공모하여 백작을 속이는 장면의 의미는 또 무엇일까?

이 책은 음악 감상 책이 아니니 이쯤에서 그만두겠다. 다만 하고 싶은 말은 바로 이것이다. 인간의 역사는 바로 이처럼 단순한 한 가지 사실에 대해 의문을 품은 사람들로부터 시작된다는 것이다. 영화 〈쇼생크 탈출〉을 본 사람 가운데 많은 사람은 '정말 좋은 음악이구나. 언제 다시 한 번 들어봐야지.' 하고 넘어갔을 것이다. 그러나 몇몇 사람은 '이 음악이 모차르트의 〈피가로의 결혼〉에 나오는 음악이라고? 그럼 〈피가로의 결혼〉에 이보다 더 좋은 음악도 있지 않을까? 다 들어봐야지. 〈피가로의 결혼〉 전곡이 담긴 CD를 사야겠어.' 하고 나설 것이다. 그리고 이 영화에 수록된 한 곡의 노래로부터 그 사람의 고전음악 여행은 시작된다.

그 차이다. 남이 주는 것만 받아먹기만 하는 사람과 남이 준 음식으로부터 새로운 음식의 맛을 창조해내는 사람. 이것이 한 인간의 비판력·창의력·상상력의 크기를 좌우한다. 이런 의문을 품고 스스로 해결해나가는 과정을 누군가는 공부라고 여길 것이다. 그래서 고전음악은 어렵고 공부를 해야 한다고 여기는 것이다. 그러나 누군가에게는 공부가 아니라 호기심을 충족시켜나가는 신나는 일일 뿐이다. 그래서 스스로 더 좋은 음악을 찾아내게 된다. 이게 왜 공부란 말인가? 이건 공부가 아니라 뉴턴이 '왜 사과가 떨어질까?' 하고 품은 의문에 지나지 않는다. 세상 만물에 대한 의문 그리고 지적 호기심, 이로부터 인류 역사의 발전은 이루어지고 한 개인의 발전 또한 이루어진다.

창조자로서 살아가는 방법

이제 갓길에서 본궤도로 다시 진입할 때가 되었다. 독서도 마찬가지다. 처음에 한 권의 책을 접하게 되었을 때 다만 그 책에서 멈춘다면 그건 남이 주는 것만 받아먹는 것에 불과하다. 그러나 그 책이 다른 책으로 가는 가교 역할을 한다면 그는 물고기 낚는 법을 배운 사람이 되는 것이다.

그런데 독서는 영상과 달라 물고기 낚는 법을 향해 가기가 무척 쉽다. 그것은 영상이 남이 만들어 공급해주는 상상의 세계를 수동적으로 수용하는 것에 비해 독서란 처음부터 자신의 상상력을 자극해 이루어지는 행위이기 때문이다. 그래서 독서가 한 사람의 지적 행위 내부에서 이루어지는 과정은 앞서 살펴본 바와 같다.

독서 – 재미 – 호기심 유발 – 자발적 탐구 – 객관적 지식 습득 – 주관적 판단 형성 – 비판력 향상 – 창의성 향상 – 학습 능력 형성

기억이 나실 것이다. 그럼 맨 앞에 있는 독서란 행위는 두 글자로 표현할 만큼 단순할까? 그건 아니다. 처음 시작하는 독서 또한 무척 복잡한 과정을 거쳐 이루어진다.

시각적 흥미 – 감정 유발 – 정서적 독서 – 감동의 축적 – 독서의 습관화 – 호기심 유발 – 지적 독서 – 상상력 확대 – 비판력 확대 – 분석적 독서– 자기주도 사고–창의력 확대

위에서 볼 수 있듯이 학습 능력을 향상시키는 과정보다 훨씬 복잡한 과정이 바로 독서라는 일면 단순한 행동 속에서 이루어진다. 그래서 독서를 통한 학습 능력 향상과 인격의 형성은 학원이나 과외를 통해 이루어지는 학습과는 그 차원이 다르게 나타나는 것이다. 당연히 그렇게 습득된 지적·인격적 능력은 평생 사용해도 고갈되지 않고 오히려 점차 풍요로워진다.

그럼 이 과정이 현실적으로는 어떻게 나타나는지 자세히 알아보기로 하자.

독서 전개 과정 7단계

앞서 우리는 세계적으로 검증된 고전이라 할지라도 수용자, 즉 독자의 능력에 따라서는 까막눈이 될 수도 있다고 이야기한 바 있다. 맞다. 필자 또한 괴테의 《파우스트》는 아직 안 읽었다. 물론 《파우스트》를 읽어야만 참된 인간 반열에 오를 수도 있을 것이다. 그러나 아리스토텔레스의 《시학》이나 사마천의 《사기》, 도스토옙스키의 《죄와 벌》, 다윈의 《종의 기원》만 읽고 《파우스트》를 안 읽었다고 해서 인간 반열에 오르지 못하라는 법 또한 없을 것이다. 그러니까 독서에는 왕도도 없고 의무도 없고 순서도 없다는 말이다. 아무 것이나 읽으면 되는 것이다. 재미있는 책부터 말이다.

1단계 : 시각적 흥미　책이 가장 먼저 우리에게 다가오는 통로는 눈이다. 따라서 책에 대한 시각적 흥미가 독서의 첫 단계임은 분명하다. 그 때문인지 최근 들어 우리나라 책의 표지 디자인은 세계적인 수준에 이르렀다. 그러나 과도한 시각적 흥미는 썩 바람직하지 않다. 시각적 흥미를 끄는 데 돈이 들기 때문이다. 돈이 들지 않는다면 흥미를 끌 만한 표지와 책의 모양에 대해 무슨 반감을 가지랴. 그러나 화려하고 모양이 독특한 책을 만드는 데 너무 많은 돈이 든다면 그것은 문제일 것이다.

표지만이 시각적 흥미를 유발하는 것은 아니다. 사실 인간이 태어나면서 가장 먼저 작동시키는 감각이 시각이다. 갓난아기 머리 위에 모빌을 달아주는 것도 바로 아이들의 시각적 흥미를 발달시키기 위한 것이다. 결국 수준 높은 그림책을 유아 단계에서 제공하는 것은 유아들을 책으로 유인하는 좋은 방안이다.

2단계 : 감정 유발　　시각적 흥미는 책에 대한 감정을 유발한다. 그것이 긍정적이건 부정적이건 말이다. 어떤 책을 보고 이 책이 '학습 교재일 것이다, 소설일 것이다, 고전일 것이다' 같은 느낌이 발생하는 것은 책을 본 시각적 반응인 셈이다. 여하튼 이렇게 해서 최초로 책에 대한 감정이 발생한다. 누구나 짐작할 수 있지만 어린이의 경우 이 단계가 어른의 경우보다 훨씬 중요하다. 어린이들은 시각적 흥미를 끌지 않는 책에 대해서는 긍정적 감정을 갖기 힘들기 때문이다. 어른이야 시각적으로는 아무 느낌이 없어도 필요에 의해 긍정적 감정이 유발될 수 있다. 그러나 어린이는 다르다. 그래서 어린이 책의 경우에는 책의 형태나 디자인 같은 시각적 요소가 중요하다.

3단계 : 정서적 독서　　앞에서 살펴본 것과 같이 보는 것이 아니라 읽는다는 측면에서 보면, 독서의 첫 단계는 정서적 독서인 경우가 대부분이다. 물론 사람에 따라 그렇지 않은 경우도 있지만 정서적 독서가 되는 게 일반적이다.

그렇다면 정서적 독서란 무엇일까? 정서적 독서란 마음을 움직이는 책을 읽는다는 것이다. 마음을 움직이는 것은 뇌를 움직이는 것보다 훨씬 쉽다. TV 연속극은 대부분 마음을 움직인다. 보고 있으면 슬프거나 기쁘거나 분노하거나 연민하거나 하는 마음의 움직임이 유발된다. 마음의 움직임은 인간 감정의 첫 단계이기 때문에 정서적 독서가 첫 단계가 되는 것은 우리가 일반적인 인간이라는 사실과 같다.

정서적 독서의 대상이 되는 책은 일반적으로 산문·소설·시 등 문학류가 주종을 이룬다. 물론 문학이라고 해서 모든 작품이 정서적 독서의 대상이 되는 것은 아니다. 괴테의 《파우스트》나 밀턴의 《실락원》도 문학이지만 이 작품들이 정서적 독서의 대상이 될 거라고 생각하는 사람은 없다. 또 인문학 도서나 자연과학, 경제경영서라고 해서 정서적 독서의 대상이 되지 말란 법도 없다. 이쯤에서 시 한 편을 감상해 보자.

우체국에 가면
잃어버린 사랑을 찾을 수 있을까
그곳에서 발견한 내 사랑의 비애悲愛를
지금은 혼미하여 내가 찾는다면
사랑은 또 처음의 의상으로 돌아올까

우체국에 오는 사람들은
가슴에 꽃을 달고 오는데
그 꽃들은 바람에
얼굴이 터져 웃고 있는데

어쩌면 나도 웃고 싶은 것일까

얼굴을 다치면서라도 소리 내어

나도 웃고 싶은 것일까

사람들은

그리움을 가득 담은 편지 위에

애정愛情의 핀을 꽂고 돌아들 간다

그때 그들 머리 위에서는

꽃불처럼 밝은 빛이 잠시 어리는데

그것은 저려오는 내 발등 위에

행복에 찬 글씨를 써서 보이는데

나는 자꾸만 어두워져서 읽질 못하고

우체국에 가면

잃어버린 사랑을 찾을 수 있을까

그곳에서 발견한 내 사랑의

기진한 발걸음이 다시

도어를 노크하면,

그때 나는 어떤 미소를 띠어

돌아온 사랑을 맞이할까

– 〈우울한 샹송〉, 이수익

필자가 무척 좋아하는 시 가운데 한 편인데, 이 시를 생각하면 늘 윤도현의 '가을 우체국 앞에서'라는 노래가 떠오른다. 반대로 노래가 나오면 이 시가 떠오르는 것도 당연하다. 이 시는 머리를 싸매고 분석할 필요가 없다. 사랑을 잃고 사랑 때문에 가슴앓이를 하던 젊은 시절(물론 늙거나 중년이라고 해서 그런 일이 없으란 법은 없지만)이 자연스레 떠오른다. 가끔은 순간적으로 이해하기 힘든 구절이 없는 것은 아니지만 그렇다고 해서 이 시를 가슴으로 느끼는 데 방해를 받을 정도는 아니다. 그래서 이런 시는 정서적 독서의 대상이 되는 것이다. 그럼 다음 글은 어떨까?

손대면 톡 하고 터질 것만 같은 그대
봉선화라 부르리
더 이상 참지 못할 그리움을
가슴 깊이 물들이고
수줍은 너의 고백에
내 가슴이 뜨거워
터지는 화산처럼
막을 수 없는 봉선화 연정

가수 현철의 히트곡인 '봉선화 연정'이란 곡의 가사다. 그런데 이 가사는 가슴까지 갈 필요도 없이 이해가 된다. 뭐 이해가 되지 않아도 그만이다. 이런 글을 읽는다고 하는 사람은 아마 없을 것이다. 당연하다. 쓰는 사람도 이 글을 읽히기 바라면서 썼을 리가 없다. 그러니까 어떤 글이건 쉽게 쓰이고 가슴을 움직이는 글이라고 해서 정서적 독서의 대상이 된다고 생각하면 오산이다. 독서의 대상이 되기 위해서는 기본적으로 글이 논리를 가지고 있어야 한다는 것이다.

광고 전단지나 길거리에서 나누어주는 공짜신문(무가신문無價新聞이라고 한자로 하면 우아해 보일지 모르지만 본질은 공짜신문이다)을 아무리 읽어도 독서의 즐거움을 얻을 수 없는 까닭이 바로 여기에 있다. 글의 논리가 없기 때문이다. 유행가 가사 가운데 글의 논리를 품고 있는 경우는 극히 드물다.(대표적인 예외가 과거 조용필 노래를 작사했던 양인자의 작품들이다. 기회가 되면 듣지 말고 읽어볼 일이다) 청소년들이 아이돌 스타들의 노래 가사를 외우고 또 외우고 액자에 넣어 벽에 붙여놓아도 독서가 주는 즐거움과 성과물을 얻지 못하는 것도 그 때문이다.

4단계 : 감동의 축적 · 독서의 생활화　　　한 번 독서를 통해 마음의 움직임을 경험한 사람은 다시 그 경험을 꿈꾼다. 물론 사람에 따라 그 정도에 차이가 있을 수 있다. 감수성이 예민한 누군가는 단 한 권의 책으로부터도 삶이 통째 움직이는 극적 변화를 겪을 수도 있겠지만 감수성이 무딘 누군가는 몇 권의 책을 읽을 때까지 마음이 느릿느릿 움직여갈 수도 있다. 따라서 모든 사람에게 동일한 방식이나 기준을 들이대서는 안 될 것이다.

그러나 특별한 사람을 제외하면 대부분의 인간은 정서적 독서가 반복되면 결국 마음의 움직임이 이루어지고 이를 통한 감동의 축적이 이루어진다. 감동은 모든 인간을 움직이는 동력이기도 하다. 따라서 감동의 축적이 이루어지기 시작하면 그 사람은 책의 벗이 되었다고 여겨도 좋다.

5단계 : 지적 독서 · 상상력 확대　　그런데 이 단계부터가 문제다. 처음 정서적 독서를 통해 즐거움을 느끼는 사람은 많다. 그런데 그 다음이 문제란 것이다. 앞서 우리는 〈피가로의 결혼〉 이야기를 했다. 그리고 대부분의 사람들은 '편지의 이중창'을 듣는 선에서 그친다고 말한 바 있다. 독서도 마찬가지다. 안타깝게도 많은 사람들이 이 정서적 독서에서 머물고 마는 것이다.

예를 들어보자. 꽤나 오래전 MBC-TV 〈느낌표〉라는 프로그램에서 책 한 권을 선정해 읽는 캠페인을 벌인 적이 있다. 그때가 출판계 입장에서는 아마 단군 이래 최대 호황기였을 것이다. 단지 선정된 책만이 팔리는 것이 아니라 그 책을 본 사람들 또는 그 책을 사러 간 사람들이 다른 책까지 구매하고 독서했기 때문이다.

그런데 그 캠페인이 종료되고 몇 년이 지난 지금 우리 독서 환경은 어떤가? 앞서 분명히 말한 바 있다. 한 번 책의 친구가 되고 나면 영원히 책의 벗, 나아가 책의 노예가 된다고. 그렇다면 그때 책을 읽은 사람들은 모두 독서인이 되어 있을 테고 캠페인이 끝났다고 해서 책으로부터 멀어진다는 것은 이치에 맞지 않는 것 아닌가.

그렇다. 그런데 그럴 수도 있다. 무슨 이야기인가. '편지의 이중창'을 듣고 감동받은 사람이 모두 고전음악 애호가가 안 되는 것과 마찬가지다. 우리가 이제까지 여러 경로, 이를테면 영화나 광고 같은 다양한 경로를 통해 우연히 접한 고전음악은 무척 많다. 그리고 그 곡들에 사람들은 열광한다. 그런데도 왜 모든 사람이 고전음악 애호가가 되지 않는 것일까? 그건 〈느낌표〉 선정 도서를 읽은 사람들이 독서인이 되지 않는 것과 전혀 다르지 않다.

그렇다면 그 까닭은 무엇일까? 재미로부터 시작한 독서가 인간 문명의 구축이라는 상상할 수 없는 성과를 가져온다는 사실을 앞서 살펴본 바 있다. 단순히 시작한 독서가 우리도 모르는 사이에 상상할 수 없는 결과를 낳는 것이다. 그렇다면 그 이유가 있지 않겠는가?

그건 바로 상상력의 확대에 있다. 지구가 편평하다고 모두가 믿는 시대에 지구가 둥글지도 모른다는 상상력, 생명은 지구에만 살고 있을 거라고 모두가 믿는 시대에 외계인이 지구로 나들이 왔을 거라는 상상력, 두 점을 연결하는 가장 짧은 선은 직선이라고 모두가 믿는 시대에 곡선일지도 모른다고 생각하는 상상력, 옷을 벗고 다니면 갖은 성범죄가 일어날 거라고 모두가 믿는 시대에 옷을 입고 다니기 때문에 성범죄가 일어나는 것은 아닐까 여기는 상상력이 그것이다.

상상력은 우리의 모든 한계, 그러니까 정신적·육체적·심리적·공간적·시간적 한계를 뛰어넘도록 만드는 능력이다. 수십 년을 사는 인간이 태어날 때 가지고 있는 모든 한계 내에서 평생 살아간다면 답답하지 않겠는가? 그런데 대부분의 사람이 그렇게 살아가고 있다. 그러니까 늘 생각하는 것이 돈·물질·명예·아파트·골프·자동차·맛있는 음식·명품 같은 것에서 벗어나지 못하는 것이다.

만일 인간의 한계가 끊임없이 확장된다면 그보다 더한 즐거움은 없을 것이다. 그 즐거움을 얻는 데 필수불가결한 것이 바로 독서다. 그리고 그 기반은 바로 상상력의 확대에 있는 것이다.

상상력을 키우는 독서가 중요하다 | 그런데 이 상상력이란 것이 문제다. 모든 독서로부터 상상력이 키워지는 것이 아니라는 점이 문제인 것이다. 상상력을 키우는 독서는 우리 주위를 둘러싸고 있는 모든 것에 대한 낯섦에서 시작된다. 모든 것이 익숙하고 낯익다면 그로부터 우리가 얻게 되는 것은 값싼 감성일지는 모르지만 상상의 세계로 진입하는 관문이 될 수는 없다. 이는 바로 독서의 대상과 연관이 된다.

앞에서 〈느낌표〉 선정 도서에 관한 이야기를 했다. 그 무렵 〈느낌표〉에서 선정한 도서의 대부분은 정서적 독서에 적절한 책들이었다. 필자는 지금 그 책들의 수준을 이야기하는 것이 아니다.《괭이부리말 아이들》이나《아홉 살 인생》같은 책들은 대단히 뛰어난 책들이다. 따라서 필자의 의견을 책에 대한 평가로 이해하면 방향을 잘못 잡은 것이다.

정서적 독서의 대상이 되는 도서, 즉 마음을 움직이는 책들은 대부분 뇌를 채우기보다는 카타르시스, 즉 아리스토텔레스 《시학》에서 언급했듯이 정화 작용을 하는 것이 주목적이다. 감정 분출을 통해 가슴 속에 맺혀 있던 응어리를 풀기도 하고 상대방의 아픔에 동조하면서 자신의 아픔을 치유하는 작용을 하는 것이다. 이것이야말로 문학의 가장 큰 역할이고 인류의 발전을 이끌어온 요소이기도 하다. 그러나 이러한 작품은 상상력을 키우는 데는 일정한 한계를 갖는다. 왜? 이들은 맺힌 감정을 푸는 게 주목적이기 때문이다. 〈느낌표〉 선정 도서는 대부분 정서적 독서의 대상이 되는 책들이었다. 왜 그랬을까? 그 프로그램 특성상 독서에 몰입한 사람들을 대상으로 하기보다는 처음 독서를 접하는 사람들을 대상으로 할 수밖에 없었기 때문이다. 그런 상황이라면 당연히 누구나 쉽게 마음을 움직이고 독서의 즐거움을 느낄 수 있는 책을 선정할 것이다. 그리고 그게 옳다.

그런데 문제는 그다음에 있었다. 한 번 가슴을 움직이고 정화를 경험한 사람들이라면 또 다른 경험을 필요로 하지 않았을까? 그런데 〈느낌표〉는 지속적으로 그런 책만을 선정했다. 물론 후반부에 가서는 《삼국유사》 같은 책을 선정하기도 했는데 이는 안이한 방식이었고─왜냐하면 《삼국유사》를 떠올리는 순간 대부분의 사람들은 고전·고리타분·공부 같은 단어를 떠올린다. 그 내용 또한 그 이전의 책들과는 사뭇 달랐다. 가슴을 움직이지도 못했고 인간의 한계를 탁! 터뜨리는 책에도 속하지 못했다. 굳이 의미를 부여한다면 우리 고전 가운데 대표적인 고전이라고나 할까? 그러니 《삼국유사》는 독서에 처음 입문하는 분들에게 적절한 고전은 아니었다.―〈느낌표〉의 추동력은 그 즈음에 급속히 저하하기 시작했다.

결국 정서적 독서 다음에 어떤 방향으로 나아가느냐에 따라 독서에 입문한 독자가 영원한 독자로 남느냐, 일회성 카타르시스 해결용으로 책을 접했느냐가 결정되는 것이다. 필자는 상상력 확대를 가능하게 하는 책이라면 일단 지적 독서의 대상이 되어야 한다고 믿는다.

그렇다면 독서도 재미있는 책을 읽는 게 아니라 단계에 맞추어 읽어야 한단 말인가? 아마 그렇게 느끼는 분이 대부분일 것이다. 마치 모차르트 음악이 좋아서 들었는데 방송에서는 쾨헬이 어떻고 소나타 양식이 어떻고 오페라 부파가 어떻고 오페라 세리아가 어떻고 하는 말을 늘어놓고, 그 말을 듣다 보면 어느새 고전음악이 즐거움의 대상이 아니라 학습의 대상이요, 의무가 되는 느낌.

그러나 결코 그렇지 않다. 그렇다면 독서는 곧 학습과 다를 바 없을 것이다. 누누이 말하지만 독서는 즐거움의 대상이지 학습의 대상이 아니다.

지적 독서의 단계로 들어서기 　｜ 자, 그럼 결론을 내자. 어떻게 해야 상상력을 키워주는 지적 독서의 단계로 누구의 강요나 의무감도 없이 진입할 수 있는가? 간단하다. 한 번 접하게 된 독서의 즐거움을 확대시키기 위해 스스로 재미있다고 여기는 책을 골라 읽으면 된다. 그런데 이 노력은 학습도 아니고 의무감의 표현도 아니다. 재미를 찾아 헤매는 노력은 누구나 기울이는 것 아닌가. 골프 좋아하는 사람도 처음에는 연습장에서 열심히 연습하고 다음에는 실내 골프장에 가고 집에 아주 작은 장난감 같은 골프장 구멍 설치하고 연습하고 그런 다음 골프장에 나가서 참맛을 즐긴다.

음악은 다른가? 처음에 '편지의 이중창'에 감동한 것이 가슴을 울린 정화 작용이었다면 그다음에는 '도대체 두 여자가 주고받는 내용이 뭐야?' 하고 관심을 갖게 되고, '아하! 그런 일이 있었구나. 그럼 백작은 정말 속아 넘어갈까?' 하고 다음 백작의 아리아를 들어보고… 그러다 보면 자연스럽게 머리로 그에 대한 생각을 하는 것이다.

책도 마찬가지다. 언제까지 감동적인 책만 읽을 것인가? 그렇지 않다. 정화 작용 하는 책을 몇 권 읽고 나면 독서의 즐거움이 솟아나기 시작하고 그때쯤 되면 '가만, 〈불멸의 이순신〉을 보니까 류성룡이라는 분이 이순신을 천거했던데 정말 그랬나?' 하고 류성룡과 관련된 책을 찾아보게 되고. '황윤길은 일본의 침략을 경고했고 그에 맞서 김성일은 일본의 침략이 없을 거라고 잘못된 보고를 해서 나라를 위기에 빠뜨렸다는데 왜 그랬을까?' 하고 의문을 품게 될 것이다.

이렇게 해서 스스로 독서의 대상이 되는 책을 선정하는 단계에 이르러야 비로소 독서인이 되는 것이다. 남이 골라준 책만 읽고 감동을 받았다고 해서 독서인이 된 것은 아니라는 것이다. 자신이 선정할 줄 모르면 그 사람은 영원히 독서인이라고 할 수 없다. 다만 학습인일 뿐이다. 자신이 책을 선정하는 단계에 들어서면 그 사람은 이제 정서적 독서 외에 지적 독서의 단계로 접어들게 된다.

따라서 지적 독서의 단계로 들어서는 것이 진정 독서인이 되는 길이다. 이는 TV 프로그램에서 연속극과 다큐멘터리의 차이만큼이나 크다. 연속극에서 머무는 사람은 평생을 연속극 스케줄에 얽매여 살다가 끝난다. 나는 가끔 월화드라마·수목드라마·주말연속극·일일연속극을 챙겨 보는 사람들을 보다가 이런 생각을 하게 된다.

'저 사람들은 쉽게 죽지도 못할 거야. 월화드라마가 끝났으니까 내일은 수목드라마를 봐야 하는데 어찌 그걸 두고 저세상을 갈 수가 있단 말인가.'

그 사람들은 평생 '편지의 이중창'만 듣는 것이고 드라마만 보는 것이며, 주부 대상 라디오 방송에서 읽어주는 독자 이야기 모음집을 독서로 여기고 살다 삶을 끝마치게 된다.

정말 이렇게 살아도 되는 것일까? 답은 당연히 '아니다!'이다. 그래서 지적 독서를 해야 하고, 지금 바로 우리의 몸·마음·정신·삶·환경을 옥죄고 있는 모든 한계를 깨야 하는 것이다. 그것이 우리가 진정 동물에서 인간으로 거듭나는 길이다.

지적 독서의 사례 │ 그럼 지적 독서의 예를 살펴보자. 김훈의 소설 《남한산성》이란 게 있다. 베스트셀러였다. 배경은 조선시대 2대 전란 가운데 하나인 병자호란이다. 병자호란을 피해 인조라는 부족하기 그지없는 왕이 남한산성으로 피해 들어갔을 때의 이야기다.

그런데 필자는 이 책을 읽지 않았다. 왜? 별로 궁금하지 않았으니까. 그럼 왜 필자는 이 책의 내용이 궁금하지 않았을까? 필자는 《산성일기》라는 책을 이미 읽었기 때문이다. '《산성일기》? 도대체 무슨 책이야?' 하고 고개를 갸우뚱거리실 분이 많으실 것이다. 당연하다. 필자도 잘 몰랐던 책이니까. 그런데 이 책을 보고 나서 그 어떤 문학이 주는 정서적 충격보다 더 큰 충격을 받았다.

우선은 교과서 안에서 추상적으로 알고 있던 병자호란의 참상과 삼전도 굴욕(인조가 청나라 황제에게 절하면서 용서를 빈 치욕)이 너무나 생생하게 지금 내 눈앞에서 벌어지는 듯이 묘사되어 있기 때문이었다. 그 글을 읽다 보면 자리를 박차고 일어나 활과 칼을 들고 전장으로 나가고 싶을 정도였다. 다음으로는 그처럼 세세한 부분까지 기록한 이름 모를 저자(《산성일기》의 저자는 알려져 있지 않다. 다만 그 무렵 인조를 따라 남한산성으로 들어간 어떤 관리, 그것도 궁중의 의사 결정 과정을 곁에서 지켜볼 정도의 높은 사람이 쓴 것으로 추정할 뿐이다)의 처절한 심경과, 그렇게 기록되어 오늘날까지 전해지는 기록의 역사성이 얼마나 큰지 확인할 수 있었기 때문이다. 마지막으로는 눈앞에 생생하게 펼쳐지는 묘사의 생동감 때문이었다. 우리가 교과서를 통해 배운 바 있는 주전파主戰派와 주화파主和派, 즉 끝까지 싸우다 죽자는 명분파와 일단 항복한 후 훗날을 도모하자는 실리파의 끊임없는 토론, 청나라 군사가 지속적으로 가해 오는 압박, 그리고 마지막에는 항복을 어떻게 할 것인지 두 진영 사이에 오가는 외교적·의례적 협상 과정 등이 마치 지금 눈앞에서 벌어지는 것처럼 치밀하고도 생동감 있게 묘사되어 있다.

바로 이런 책이 지적 독서의 대표적인 사례다. 반면에 김훈의 《남한산성》은 정서적 독서라고 할 수 있다. 만일 《남한산성》을 읽은 독자가 병자호란에 대해 궁금해져 《산성일기》를 찾아 읽었다면—병자호란이 궁금한 독자라면 《산성일기》를 찾기란 그리 어려운 일이 아니다. 병자호란의 시종始終을 기록한 거의 유일한 책이기 때문이다.—이는 정서적 독서가 지적 독서로 연결되어 역사적 상상력을 키운 전형적인 사례라 할 수 있다. 물론 《남한산성》을 읽고 나서 병자호란을 다 알았다는 생각에 더 이상의 관련 독서를 하지 않을 수도 있다. 그것도 나쁘지 않다.

그러나 늘 픽션(소설·시·산문 등)만 접하는 것은 썩 바람직하지 않다. 픽션은 말 그대로 픽션이다. 영화 〈아마데우스〉를 보고 실제로 살리에리가 모차르트를 죽였다고 믿거나, 모차르트가 고작 헤헤거리며 집안 구석구석이나 기어 다니는 인물이라고 믿는 것은 바람직하지 않다. 픽션은 어디까지나 픽션이니까.

픽션은 작가의 지적 상상력의 소산이다. 그러니까 그 상상력을 가능케 한 기반을 우리도 접할 수만 있다면 우리 또한 그러한 지적 상상력을 발휘할 수 있을지 누가 알겠는가. 그리고 그 기반이 바로 논픽션, 그러니까 지적 독서의 대상이 되는 책들이다. 물론 픽션 가운데서도 지적 상상력의 기반이 되는 책이 있고 논픽션 가운데도 그런 기반이 되기에는 한참 부족한 책도 많다. 그러니까 필자가 이야기하는 바는 일반적으로 그렇다는 이야기다.

6단계 : 비판력을 바탕으로 한 분석적 독서　　이 단계에 들어설 정도
　　　　　　　　　　　　　　　　　　　　　　　라면 앞의 정서적 독서
와 지적 독서, 그리고 독서의 습관화가 두루 이루어진 상태일 것이
다. 따라서 이 정도 단계에 이른 독자에게는 특별한 지도나 방법이
필요치 않을 것이다. 그럼에도 설명을 덧붙이는 것은 이론적으로
이런 과정을 거친다는 사실을 알려드리기 위해서다.

　비판한다는 것은 쉬운 일이 아니다. 오죽하면 서유럽 여러 나라
의 교육 목표가 비판적 인간의 양성이겠는가. 교육의 궁극적 목표
가 바로 비판적 인간을 키우는 것일 만큼 비판은 쉬운 일이 아니다.
물론 우리나라에서는 비판이라는 단어가 부정적으로 쓰이는 것이
현실이다.

　"넌 왜 그리 사사건건 비판만 하는 거야?"

　"왜 그렇게 비판적으로 변했니?"

　이런 물음이 기분 좋게 들리는 분은 아마 없을 것이다. 그런데 만
일 이런 물음이 서구에서 주어졌다면 그건 무척 긍정적인 물음인
셈이다. 그러니 이렇게 대답할지도 모르겠다.

　"네, 공부 열심히 하고 독서 열심히 해서 그래요."

　그렇다면 왜 서구에서는 비판적 능력의 함양을 교육의 기본으로
삼는 것일까? 그건 인간을 인간으로 만드는 요체이기 때문이다. 인
간을 인간으로, 너무나 당연한 말 같지만 인간이 인간으로 살아간
다는 것은 쉬운 일이 아니다. 모두들 인간으로 살아가는 듯 보이지
만 사실 인간으로 살아가는 인간은 흔치 않다는 말이다.

그렇다면 인간으로 살아간다는 것은 어떤 것일까? 그건 스스로 판단하고 스스로 자신의 삶을 결정한다는 말이다. 내 삶을 내가 결정하고 사는 것, 옳고 그름을 스스로 판단하는 것, 이것이야말로 인간으로 살아가기 위해 반드시 필요한 능력이다. 만일 이것이 결여되어 있다면 그는 동물로서 호모 사피엔스일지는 몰라도 사회적 인간이라고는 할 수 없다.

이렇게 써놓고 보니 정말 인간으로 살아간다는 것이 녹록치 않아 보인다. 자신의 삶을 자신 스스로 결정하고 나아가는 인간이 과연 얼마나 될까? 옳고 그름을 스스로 판단할 수 있는 판단력을 갖춘 인간이 과연 얼마나 될까? 사실 우리 대부분이 그렇게 살아가는 듯 착각하고 있지만, 실제로는 보이지 않는 무언가 또는 누군가의 조종을 받아 꼭두각시로 살아가고 있는 것이 현실이다. 그 무언가 또는 누군가는 언론·교육자·정치가·재벌·광고·관리·법·종교·관습 등 무수히 많다. 우리가 당연한 것, 옳은 것으로 여기는 것들이 사실은 그른 것이고 당연히 받아들여야 할 것이 아닐지도 모른다는 의문을 품는 것, 이것이 비판적 능력의 출발이다. 그리고 그 능력이 갖추어질 때 비로소 우리는 꼭두각시의 삶에서 벗어날 수 있다.

그만큼 꼭두각시의 삶에서 벗어나는 것은 쉽지 않다. 왜? 그 무언가와 누군가는 부단히 우리를 자신들의 꼭두각시로 만들려고 노력하기 때문이다. 권력과 돈을 가진 자가 통제하려고 나설 때 권력과 돈이 없는 자가 이기기는 힘들다. 이는 마치 무기와 병력이 절대적으로 부족한 군대가 전쟁에서 적에게 이기기 힘든 것과 마찬가지다. 그래서 비판적 사고력을 키우는 것은 그만큼 중요하다. 이 사실을 알기에 수많은 시민의 희생 위에서 민주주의를 어렵게 성장시킨 서구에서는 시민 개개인을 비판적 사고력, 즉 보이지 않는 거대하고도 강력한 괴물을 상대로 자신을 지킬 수 있는 무기로 무장시키려고 노력하는 것이다. 이 무기를 소지하고 있어야 보이지 않는 거대한 무엇과 누군가에 맞서 스스로의 주관적 삶을 살 수 있고 그 삶을 가능하게 하는 판단력을 갖출 수 있기 때문이다.

비판적 사고력은 왜 필요한가 │ 그런데 우리 사회에서는 오래전부터 비판적 사고력을 금기시해왔다. 왜 그럴까? 이런 능력을 갖춘 시민이 많아지면 많아질수록 시민을 자기식대로 이용하거나 통제하기 어렵기 때문이다. 그러니까 이런 능력을 함양시키기보다는 주입·암기 위주의 교육을 긍정적인 것으로 활용하는 자가 있다면, 그는 인간을 신뢰하는 자가 아니다. 그는 분명 자신만이 옳고 다른 사람은 모두 자신의 통제를 받아야 하는 대상으로 인식하는 자임이 분명하다. 정치적으로는 이런 자를 독재자라고 한다.

시민을 조종하고 통제하고 싶어 하는 독재자들은 비판적 사고력을 향상시키는 대신 기능 교육을 일사천리로 주입시킨 후 산업 역군이라는 이름 아래 일만 열심히 하도록 만들었다. 그래서 학교에서는 비판이라는 단어를 부정적인 것으로 가르쳤을 뿐 아니라 급기야 금기시하기에 이르렀다. 그리고 만일 그런 돌연변이가 나타났다면 그러한 인간은 곧 모난 돌이 되어 정을 맞았다. 그런 전통이 이어져 지금 이 시간에도 비판적 사고보다는 합리적 사고라는 이름으로 포장된 순응적인 인간을 키우는 데 교육 담당자들이 골몰하고 있는 것은 아닐까.

미래는 비판적 사고력의 시대 | 그런데 우리는 주입식 교육, 통제된 교육, 나아가 통제된 사회, 즉 독재적 시스템에서도 경제 발전을 이루었고 별 탈 없이 살아왔다. 그러니 앞으로도 그렇게 살아가도 되지 않을까? 왜 이제 와서 구태여 비판적 사고를 가진 인간으로 교육시켜야 하는 것일까?

그렇다. 그런 기계적 인간, 꼭두각시 인간으로 살아가도 아무 문제가 없다면, 구태여 비판적 사고를 함양해서 세상에서 일어나는 수많은 부조리와 비합리에 분노할 필요가 없을지도 모른다. 옛날 분들이 말하지 않았던가. 아는 것이 병이고, 모르는 게 약이라고.

필자 주위에도 책 안 읽고 그저 남들이 시키는 대로 살아가는 사람들이 많은데 그분들 참 편히 산다. 그러니까 앞으로도 그렇게 살고, 우리 아이들도 그렇게 꼭두각시로 살도록 놔두는 게 낫지 않을까?

그게 영원히 가능하다면 오죽 좋겠는가. 남이 시키는 대로 바보처럼 살아도 아무 문제 없다면 필자부터 그렇게 살고 싶다. 그런데 그렇게 되지 않는다는 데 문제가 있다.

과거에는 그런 방식이 가능했다. 그러나 지금은 불가능하다. 사실 왜 그런지 이 문제에 대해 논하려면 다시 한 권의 책이 필요할 정도이므로 그냥 그렇다는 정도로 넘어가겠다. 한마디로 요약한다면 시대가 변하면서, 다시 말해 모방의 시대에서 창조의 시대로 나아가면서 그런 꼭두각시 노릇으로는 사회의 주인으로 살기 힘들게 되었다. 20:80 시대니, 10:90 시대니 하는 말이 공연한 말이 아니다. 비판적 능력을 갖춘 인간과 그 인간들의 꼭두각시 노릇을 하는 인간의 비율, 사회 상층부와 하층부의 비율, 창조하는 인간과 그들을 따라가는 인간의 비율이 그렇다는 것이다. 물론 이러한 차이는 곧 경제력·지도력·권력의 차이로 나타난다. 그러니 누군가는 오늘도 비판적 능력을 갖춘 인간의 탄생을 극구 방해하지 않겠는가. 자신들의 몫이 줄어들 테니까. 그러나 우리는 바로 우리 아이들의 비판적 능력을 형성시킴으로써 그들에 맞서 끝까지 이겨내야 한다.

분석적 독서 │ 비판적 사고의 중요성을 살펴보았으니 다음에는 분석적 독서에 대해 살펴보기로 하자. 분석적 독서란 말 그대로 독서가 재미의 단계에서 벗어나 연구와 학문의 단계로 들어섰음을 뜻한다. 그런데 여기서 말하는 분석적 독서는 학교에서 하는 연구와 학문의 경우와는 다르다. 자신이 쌓아온 지적 훈련과 상상력의 확대, 그리고 비판적 사고의 결과 유발된 지적 흥미를 만족시키기 위해 스스로 연구하고 공부하는 것을 말한다.

이렇게 스스로 무언가를 연구하고 공부하여 전문가 경지에 이른 사람을 우리는 마니아mania라고 부른다. 물론 대부분의 마니아는 게임이나 스포츠 등에 목숨을 걸지만 소수의 마니아는 전문가 못지않은 능력을 갖추고 있는 것이 현실이다. 특히 일본이 마니아 천국으로 잘 알려져 있다. 필자도 일본 마니아 — 그러니까 전문적으로 공부해서 학위를 받은 것도 아닌데 특정 분야에서 뛰어난 성과를 거둔—가 펴낸 책을 여러 권 본 적이 있는데 정말 놀랄 만한 경지까지 올라 있었다. 혹시 일본이 마니아 천국이 된 것이 우리보다 월등한 독서량 때문은 아닐까?

인간은 본래 그런 존재다. 알면 알수록 호기심의 크기는 커지고, 그렇게 습득된 지식을 통해 새로운 상상의 세계를 펼쳐 보이고 싶어 하는 존재다. 분석적 독서의 대상이 되는 책은 무한하다. 그래서 그런 책을 선정하고 권하는 따위의 행동은 무의미하다. 세상의 모든 책이 분석적 독서의 대상이 되는 것이니까.

7단계 : 자기주도 사고와 창의력 확대

이제 독서의 마지막 단계에 들어섰다. 자기주도 사고와 창의력 확대가 그것이다. 이것은 말로는 쉽지만 현실적으로는 대단히 어려운 경지다. 어떤 분야든 자기주도 사고가 가능하다는 것은 그가 명실 공히 한 분야의 전문가로 우뚝 섰다는 이야기이고, 창의력을 갖추었다면 진정 한 분야, 또는 역사에 커다란 자취를 남길 수 있다는 이야기이기 때문이다.

이런 인물은 쉽게 길러지지 않는다. 오직 독서를 통해서만 길러진다. 아무리 학원 광고, 학습지 광고에 이런 문구를 넣어서 사람들을 현혹시킨다고 해도 될 일이 아니다. 이는 오로지 어린 시절부터 길러진 독서 습관, 그리고 인간의 신뢰를 바탕으로 한 자율적 활동을 통해서만 가능하다. 우리는 이런 인물을 한 사람이라도 더 길러내기 위해 노력해야 한다. 내 아이가 아니더라도 좋다. 우리 사회에

이런 인물이 한 사람이라도 더 늘어난다면 우리 사회 또한 그만큼
바람직한 수준으로 향상될 것이기 때문이다.

3부

독서를 가로막는
장애물에 대하여

지금 책 한 권 읽고 싶다는데, 나중에 읽어라? 이건 아이에게 책이란 존재
를 산소와 같은 존재가 아니라 가방 같은 상품으로 각인시키는 행동이다.
'아하, 책도 다른 물건과 마찬가지로 돈을 아끼기 위해 안 사는 것이 좋은
것이구나. 그러니까 꼭 읽고 싶은 책만 아끼고 또 아껴서 사야 하는구나.'
하고 인식시킨다는 말이다.

지금까지 살펴봤듯 이상적인 차원뿐 아니라 현실적인 차원에서도 우리 모두에게 혜택을 주는 것이 독서이건만 우리나라에는 독서를 가로막는 것들도 엄연히 존재한다. 물론 그러한 것들이 독서를 가로막는다는 사실을 아는 사람도 드물 뿐 아니라 오히려 독서에 유익하다고 착각하기도 한다. 그럼에도 이런 것들이 사라지지 않는 것은 너무 오랫동안 우리 현실 속에 뿌리내리고 작동해왔기 때문이다. 이제는 참된 독서 활성화를 위해 이런 필요악은 사라질 때이다. 아니, 제거해야 할 때이다.

자, 그럼 무엇이 그토록 우리 청소년·어린이들의 독서를 가로막고 있는지 살펴보기로 하자. 적을 알아야 백 번 싸워 이길 수 있지 않겠는가.

독서 최대의 적, 형식적 글쓰기

최근 학교·가정·학원마다 논술이니 독서니 하는 프로그램들의 장점이 부각되면서 글쓰기 교육이 한창이다. 그리고 글쓰기의 출발은 일기와 독후감에서 시작된다. 그런데 이 일기와 독후감이야말로 글쓰기에 가장 큰 걸림돌이 되는 프로그램이라고 할 수 있다.

사실을 말하자면 일기와 독후감이야말로 청소년들이 글쓰기를 처음 접할 수 있는 좋은 형식임은 두말할 나위가 없다. 그런데 왜 가장 좋은 두 가지 형식이 가장 넘기 힘든 걸림돌이 되고 말았을까? 그건 두 가지 글쓰기가 전형적인 형식적 글쓰기가 되었기 때문이다.

세상 모든 일 가운데는 형식적인 것들이 참 많다. 처음에는 실질적인 필요에 의해 발명되었으나 시간이 흐르면서 실질적인 필요가 없는데도 '남이 하니까'라는 이유로 활용되는 것들이 바로 형식적인 것들이다. 회사의 대표적인 형식적 업무는? 회의. 조직의 대표적인 형식적 절차는? 위원회. 이런 정도를 모르는 분은 거의 없을 것이다. 그런데도 왜 이런 형식적인 장애물들이 우리 모두를 괴롭히는 것일까? 바로 비판적인 능력의 결여, 창조적인 사고의 결여 때문이다. 비판할 줄 모르니까 남들이 하는 것이라면 무조건적으로 추종하게 되고, 창조적인 사고가 결여되어 있으니 남들이 하는 것 외에 다른 대안을 상상할 수 없는 것이다. 그러니 별로 필요 없다는 사실을 나도 알고 너도 알고 모두 알고 있음에도 아무 고민 없이 지속되는 것이다.

사실 일기와 독후감도 처음 출발할 때는 대단히 뛰어난 글쓰기 입문 형식이었을 것이다. 글을 잘 쓰는 것이야말로 인간이 지성의 세계로 진입하는 기초라는 사실을 모르는 사람은 거의 없을 것이다. 자신의 사상·생각·고민·상상 따위를 누군가에게 전하고자 할 때 글 외에 무슨 대안이 있겠는가. 요즘이야 녹음기나 카메라 따위가 그 역할을 대신할 수 있겠지만 과거, 그러니까 불과 몇 십 년 전만 해도 글을 못 쓰면 그는 지성의 샘 근처에도 갈 수 없었다. 물론 여러 영상 매체가 발달했다는 현대에도 글을 못 쓰는 사람이 지성계에 진입했다는 말을 들어본 적이 없으니 글쓰기의 가치를 새삼스레 논하는 것 자체가 우스운 일일 것이다.

그런데 이토록 바람직한 의도에서 출발한 일기와 독후감이 시간이 흐르면서 하나의 형식으로 자리를 잡게 된 것이다. 그리고 그 후로는 어떤 의문도 거부한 채 학교 수업의 하나로 자리 잡았다. 그 누가 청소년들의 글쓰기 수업에서 일기와 독후감을 배제할 엄두를 내겠는가. 이제는 일기와 독후감 숙제를 내는 사람이나 하는 사람이나 그 누구도 "왜?"라는 질문을 던지지 않는다. 그래서 일기와 독후감은 완전한 형식적 글쓰기가 된 것이다. 한마디로 도그마가 되었다는 것이다. 그 어떤 사상도 도그마가 되는 순간 생명력을 잃는다. 일기와 독후감이 청소년들 사이에 아무런 생명력도 갖지 못하게 된 까닭이 여기에 있다. 생명 없는 글을 써 오라고 과제를 내주고 그 형식적인 글을 평가해야 하는 교사 또한 고되기는 마찬가지다. 그러니 이제 그만하자는 것이 필자의 주장이다.

일기는 꼭 써야 하나요?

일기란 무엇인가? 매일매일 일어난 일을 기록하는 것이다. 이를 바꿔서 말하면 매일매일 써야 하는 것이다. 매일매일 쓸 필요가 있는 사람에게는 누가 시키지 않아도 반드시 해야 할 일이니 특별한 불만 같은 것이 있을 수 없다. 예를 들면 회사의 경리나 회계 책임자들은 당연히 일일 마감을 해야 할 테니 하루의 거래를 정리하는 것이 일기에 해당될 것이다. 또 일일근무일지를 쓰는 근로자들의 경우에도 마찬가지다. 군인이 일일근무를 설 때도 자신의 근무 기록은 반드시 해야 하는 일이니 그에 대해 불만이 있을 까닭이 없다.

그러나 그 일을 하는 사람들의 경우 강제적 수단이나 의무가 개입되지 않는다면 그 일을 그렇게 열심히 할까? 절대 안 할 것이다. 매일매일 기록하지 않아도 급여가 나오고, 군대 상사가 질책하지 않는다면? 당연히 안 할 것이다.

그렇다면 아이들에게 일기는 어떤 존재일까? 방학 때 일기 쓰기 숙제는 이미 수십 년간 존재해온 관습이기 때문에 그 문제점에 대해 그 누구도 고민하지도 않고 그 효과를 측정해보지도 않는다. 학생이라면 당연히 해야 할 일이고 교사라면 당연히 내야 할 숙제니 일기 숙제가 없는 방학은 생각하기도 힘들다.

그런데 그 숙제를 내주는 선생님이나 그 숙제를 도와주는 학부모 가운데 그날 있었던 일을 하루도 빠짐없이 열심히 기록하는 사람의 비율은 얼마나 될까? 혹시 아무도 열심히 하지 않았고, 아무도 그 효과를 신뢰하지 않으며, 아무도 그 필요성을 느끼지 못하는데도 우리는 습관적으로 그 숙제를 내주고 또 영원히 그 숙제가 이 사회에 존재하도록 방치하고 있는 것은 아닐까?

앞서도 이야기한 바 있지만 모든 고통은 의무로부터 시작된다. 공부란 것은 스스로 하고자 하는 순간 즐거움이 된다. 하지만 왜 해야 하는지 모르면서 '돈 많이 벌고 예쁜 연예인하고 연애하고 편히 살려면 공부를 열심히 해야 한다'는 터무니도 없는 거짓말을 늘어놓는 선생님과 어른들, 그리고 언론에 이끌려 공부하는 우리 아이들에겐 고통 그 자체이다.

그 아이들은 돈 많이 벌고 예쁜 연예인과 연애하고 편히 살려면,

공부를 열심히 하는 것이 아니라, 성형수술을 하고 어려서부터 부동산 투기나 로또복권 구입을 하거나, 유명 연예인·운동선수가 되어야 한다는 사실을 어른들보다 더 잘 알고 있다. 그래서 청소년들의 장래 희망을 조사해보면 대부분 연예인·프로 운동선수·프로 게이머·의사를 꼽는다. 하나같이 수입이 언론에 노출되는 직업들이다. 아무리 돈을 많이 벌어도 언론에 노출되지 않는 직업은 아이들의 미래를 파고들지 못한다. "부자 되세요."를 인사말로 건네는 어른들만큼이나 아이들도 눈에 보이는 가치에 탐닉한다. 어른들은 돈과 권력에, 아이들은 연예인과 외모에 몰두하는 것이 다를 뿐 그 본질은 같다. 그러니 아이들이 어른들과 다를 것이라는 상상은 하지 마시기 바란다. 어른이 행동하고 사고하는 만큼 아이들도 행동하고 사고할 뿐 그로부터 결코 벗어날 수 없다. 그래서 우리 조상들이 만든 속담 가운데 "나는 바담 풍風 해도 너는 바람 풍 해라."라는 것도 있지 않은가. 이런 짓은 아무 쓸모가 없는 것임을 조상님들도 알고 계셨는데 하물며 우리가 어찌 아이들을 속이겠는가.

그런 영특한 아이들에게 되지도 않는 논리로 공부 어쩌고 저쩌고 하니 괴로울 뿐이다. 일기도 마찬가지다. 왜 써야 하는지 아무도 가르쳐주지 않는 일기를 매일 써야 한다? 오늘의 삶이 어제와 마찬가지인 21세기 아파트형 어린이들에게 있어 왜 일기란 매일 써야 하는 것인지 이해시키는 것이 과연 가능할까? 그런 아이들에게 이제 더 이상 일기 쓰기를 숙제나 과제물로 내주는 일은 그만둘 일이다. 아이들을 어른들의 노리갯감이나 꼭두각시로 여기는 일은 그만두어야 한다는 말이다.

독후감도 마찬가지 아닐까?

독후감은 더하다. 아이들이 오죽하면 독후감 쓰기 싫어서 독서가 싫다고 할까. 책을 읽으면 그만이지 왜 책을 읽고 나면 꼭 독후감을 써야 할까?

선생님이시건 학부모시건, 아니면 대학 국어교육과 교수님이시건 누구든 나서서 필자를 설득해달라. 아니, 필자 말고 아이들을 설득해보시라. 왜 책을 읽고 나면 독후감을 써야 하는지 말이다. 그리고 어른들은 책을 읽고 나면 독후감을 꼭 쓰는가? 어른들은 하지 않는 일을 왜 아이들에게는 강요하는가 말이다. 만일 여러분에게 책을 읽고 나면 반드시 독후감을 써야 한다고 누군가 말한다면 책을 손에 잡고 싶으신가? 그렇지 않은 분이라면 아이들에게도 독후감을 강요하지 말 일이다.

"집에서는 독후감 쓰라고 안 하는데 학교에서 그런 숙제를 내주니까 할 수 없어요."

이런 대답 많이도 들었다. 그럼 필자는 이렇게 말한다.

"그럼 알림장에 쓰십시오. '우리 아이는 책을 읽는 것은 좋아하는데 독후감은 정말 쓰기 싫어해요. 그러니 독후감 쓰는 숙제를 안 해 가도 이해해주십시오.' 라고 말이죠."

반면에 이런 학부모들도 계시다.

"독후감 숙제라도 안 내주면 독서를 절대 안 하니까 그 숙제라도 내주세요."

그럼 필자는 또 이렇게 말한다.

"그렇게 책을 읽어서는 절대 독서를 즐겁게 못 하고 오래 못 가니까 시키지 마십시오. 여러분께서 독서 시키는 이유가 뭡니까? 결국 아이들을 지적으로 훈련시켜서 공부 잘하고 창의력과 비판력, 상상력이 뛰어난 아이 만들기 위해서 아닙니까? 그렇게 만들기 위한 독서는 절대 그런 강제적인 방식으로는 불가능합니다. 그러니 독후감 숙제로 아이들 훈련시킬 생각은 마십시오."

필자는 이 판단에 단 한 점의 오류도 없다고 단언한다.

그럼 어떻게 독서 교육을 시킬까? 앞서 말했듯이 아이들 스스로 책을 읽도록 만들어야 한다. 그렇다고 글쓰기 교육이 전혀 필요 없는 것일까? 절대 그렇지 않다. 앞서도 살펴보았지만 글 못 쓰는 사람이 지성인이 될 가능성은 낙타가 바늘구멍 들어가기와 마찬가지다. 따라서 글쓰기 교육이 필요한 건 사실이다. 교육이란 것이 돈 벌고 기능인을 만들고 영어 몇 마디 중얼거리는 인간을 만드는 것이 아니라, 결국 지성을 갖춘 인간을 양성함으로써 인격적으로 완성되고, 표피적인 것들이 아니라 삶의 근원적인 것들에 관심을 갖는 창의적이고 비판적인 인간을 만드는 것이기 때문이다. 따라서 지성으로 진입하는 열쇠인 글쓰기 능력을 갖추는 것은 필요불가결한 요소다.

그러니 일기와 독후감 교육을 강제하면 안 된다는 문제 지적만을 내세워 "앗싸! 이제 글은 안 써도 된다." 하고 넘기게 하면 안 된다. 다만 기존의 글쓰기 학습 방법에 문제가 있다는 말이다. 그렇다면 어떻게 해야 아이들도 신나고 어른들도 수긍할 수 있을까?

신나는 글쓰기로 가는 마지막 비상구

특별한 일부를 제외한다면 글쓰기가 신난다는 사람은 아마 정신 병원에서나 찾아볼 수 있을 것이다. 그만큼 글쓰기는 많은 사람에게 부담을 안겨줄 뿐이다. 어른에게 부담스러운 일이 아이들에게는 신날 것인가? 절대 아니다. 오히려 아이들에게는 더 큰 부담을 안겨줄 것이다. 그러니 이 책, 아니 다음 내용에서 글쓰기에 재미를 붙이지 못하신다면 아마도 영원히 글쓰기를 친구 삼기는 힘들 것이다.

그러므로 다음 내용은 '글쓰기로 가는 마지막 비상구'가 될 것이다. 따라서 먹고 마시고 자고 싸고 낳고 버는 행위를 하는 짐승 수준이 아니라, 생각하고 창조하고 비판하고 계획하는 삶을 통해 최종적으로는 내 삶의 주인으로 우뚝 서고자 한다면 이 기회를 결코 놓쳐서는 안 될 것이다.

아, 하나 더! 우리 아이를 공부도 잘하고 글도 잘 쓰며 사고도 깊은 영재로 키우기 위해서도 이 기회는 마지막이 될 것이다. 우선 독후감부터 살펴보자.

독후감에는 형식이 없다

독후감에 관해서 어른들(학부모와 교사 모두)이 가지고 있는 편견 가운데 하나가 독후감에 일정한 형식이 있을 거란 생각이다. 그런데 이 생각 – 아니 편견 – 만 버려도 아이들을 독후감의 고통으로부터 상당 부분 벗어나게 할 수 있다.

"우리가 언제 그런 편견을 가지고 있다고 그러세요? 독후감에 특별한 형식이 없다는 것은 저희도 알아요. 줄거리를 쓸 수도 있고 안 쓸 수도 있죠. 또 편지 형식이나 일기 형식, 아니면 뭐 다른 여러 가지 형식으로 써도 되지요."

물론 그 정도의 자유를 부여한다는 것은 알고 있다. 그렇다면 밥을 먹고 싶은 양만큼 먹을 수 있고 일정한 운동 시간도 있고 잠도 잘 수 있고 책도 읽을 수 있는 자유가 있으며 결정적으로 먹고살기 위해 돈을 벌지 않아도 된다고 해서 교도소에 갇혀 있는 사람들에게 자유가 있다고 말할 수 있을까?

그럼 도대체 독후감의 어떤 부분이 아이들을 얽매고 있을까? 그것은 바로 잘 써야 한다는 것이다.

잘 써야 한다?

이처럼 막연한 기준이 없다. 그러나 이 기준 같지도 않은 기준이 어른과 아이들을 옴짝달싹하지 못하게 옥죄고 있다는 사실을 뼈저리게 깨달아야 한다. 어른들에게 '잘 써야 한다'는 것이 무엇을 뜻하는지 물어본다면 무엇이라고 답할까? 아마 이렇게 답할지 모른다. "책을 읽고 난 후에 책을 통해 얻게 된 느낌을 솔직하게 표현하면 됩니다. 물론 글의 형식은 정해진 것이 없고 자유롭게 써도 됩니다."

그렇다면 어떻게 쓰는 게 솔직하게 표현한 것일까? 다음 두 가지 글을 보자.

▶ 《심청전》을 읽고 ─────────────────

나는 오늘 심청전을 읽었다. 심청전은 우리나라에서 오래전부터 전해 내려오는 이야기다. 심청이 아버지는 장님이다. 그리고 어머니는 심청이를 낳다가 돌아가셨다. 그래서 심봉사는 심청이를 혼자 키우기 위해 온갖 고생을 하신다. 그러던 어느 날 심봉사가 심청이를 마중 나갔다가 그만 물에 빠지고 만다. 그때 스님 한 분이 심봉사를 구해주신다. 그런데 마침 눈이 안 보이는 심봉사를 보고 안타깝게 여긴 스님은 공양미 삼백 석을 부처님에게 올리면 눈을 뜰 수 있다고 한다. 눈을 뜰 욕심에 심봉사는 지키지도 못할 약속을 하고 만다.

나중에 후회가 든 심봉사는 매일 걱정을 한다. 그러자 효녀 심청이는 아버지께서 왜 걱정을 하는지 물어보았다. 공양미 삼백 석 때문에 그런다는 사실을 안 심청이는 자기를 남경 가는 상인들에게 삼백 석에 판다. 결국 심청이는 중국으로 건너가는 배를 타고 중간에 깊은 바다에 풍덩 몸을 던진다. 그렇지만 심청이의 효심에 감동한 용궁에서 심청이를 구해주고 심청이는 왕비가 된다. 그래서 나중에 아버지를 찾게 되고 심봉사도 눈을 뜨게 된다.

너무 재미있는 이야기다.

나는 이 이야기를 읽고 난 후 그동안 내가 부모님에게 너무 효도를 하지 못한 것이 부끄러웠다. 만날 게임만 해서 엄마 속을 아프게 했고 우리를 위해 열심히 돈을 벌어 오시는 아버지께도 매일 불평만 늘어놓았다. 나는 심청전을 읽고 이제는 절대 그래서는 안 된다는 사실을 깨달았다.

나도 이제는 시간이 날 때마다 부모님을 위해 하루에 한 가지씩이라도 착한 일을 하려고 한다. 게임도 조금만 하고 학원 가서도 열심히 공부해야겠다. 독서는 정말 좋은 일이다. 이렇게 나를 변화시킬 수 있으니 말이다.

▶ 심청이는 정말 웃긴다 ─────────────────────

오늘 《심청전》을 읽었는데 도대체가 말이 안 나온다. 공양미가 무슨 말인지도 모르겠고 삼백 석이 얼마나 많은 양인지도 모르겠지만 그것 때문에 겨우 열몇 살밖에 안 되는 아이가 죽겠다고 나서다니! 나 같으면 옆집에 가서 그만큼 빌려달라고 하겠다. 아, 장승상 댁 아줌마가 심청이를 예뻐해준다고 했다. 그런데 그 아줌마에게 그런 이야기도 하지 못하다니! 말도 안 된다. 그 정도 돈도 안 빌려준다면 장승상 댁 아줌마는 심청이를 예뻐하는 것이 아니다. 또 그 정도 돈도 없다면 승상이라는 벼슬도 아무것도 아니니까 심청이보고 이래라 저래라 해서도 안 된다. 게다가 어린 심청이가 갑자기 왕비가 되다니! 이건 신데렐라 이야기나 인어공주 이야기보다 더 황당하다. 캐안습이다.

내가 이런 세상에 안 태어났다는 게 다행이다. 만일 우리 부모님이 밖에서 빚을 잔뜩 지고 있다면 내가 팔려가야 하는 신세가 되어야 한다니! 말도 안 된다. 이런 일이 있으면 당연히 나라에서 책임져야 한다. 난 어린이까지 이런 책임을 질 필요가 없다고 생각한다.

앞으로는 좀 더 재미있는 책을 읽어야겠다. 이 책은 읽을수록 황당하다. 그런데 왜 이런 책을 우리 조상들은 재미있다고 읽었는지 도무지 모르겠다.

독서를 하면 똑똑해진다고 선생님도 그러시고 엄마도 그러시는데, 난 이 책을 읽고 나서 하나도 안 똑똑해진 것 같다.

멋대로 쓰는 독후감이 잘 쓴 독후감이다

만일 두 번째 독후감을 쓴 아이가 있다면 어른들의 반응은 어떨까? 야단을 치지는 않을 것이다. 오히려 많은 분들이 두 번째 이야기가 훨씬 현실적이고 아이들 눈높이에 맞을 거라고 느끼실 것이다. 아이들 입장에서 솔직하게 썼으니 말이다. 게다가 생각하는 방향 또한 구태의연하지 않고 참신하다. 더해서 읽는 사람도 웃음보를 터뜨리지 않고는 못 배길 만큼 재미도 있다. 그러나 안타깝게도 아이들은 두 번째처럼 쓰지 않는다. 왜 그럴까?

아이들이라면 모두 두 번째 독후감처럼 쓸 수 있다. 아니, 두 번째처럼 쓰라고 하면 훨씬 재미있고 창의적인 발상을 내놓을 것이다. 반면에 첫 번째 독후감처럼 쓰는 게 아이들에게는 훨씬 어려울 것이다. 그런데도 아이들이라면 누구나 두 번째처럼 쓰지 않고 첫 번째처럼 쓰려고 하는 것이다. 그러니 독후감 쓰는 게 고통스럽고 어렵게 느껴지는 게 당연하다.

그렇다면 왜 첫 번째처럼 쓰려고 그리 힘겨워할까? 솔직하지도 않고 자기만의 생각도 아니고 상상력도 보이지 않는 평범하기 그지없는 글을 쓰려고 말이다. 바로 '잘 써야 한다'는 어른의 말씀 때문이다. 아이들에게 있어 '잘 써야 한다'는 말은 어른처럼 써야 하고 그럴 듯하게 써야 하며, 자기 마음대로(솔직하고 생각나는 대로) 써서는 안 된다는 말과 동의어다. 즉, 쓸 수 없어서가 아니라 그렇게 쓰면 어른들에게 혼날 것 같아서 안 쓰는 것이다. 이런 아이러니가 어디 있는가? 어른들도 좋게 여기고 아이들도 쓰고 싶어 하는 내용은 안 쓰고, 어른들도 구태의연하다고 여길 첫 번째 방식으로 쓰고, 또 그렇게 써야 한다는 사실 때문에 아이들은 독후감 쓰기를 바퀴벌레 보듯 괴로워하니 말이다.

필자는 여러 번의 강연을 통해 위에 예를 든 두 가지 독후감 이야기를 아이들과 나눈 바 있다.

"두 번째처럼 쓰면 어떻겠니?" 하고 물으면 한결같은 대답이 나온다.

"재미있어요. 저도 쓰고 싶어요."

"그럼 첫 번째처럼은?"

"와, 지겨워요. 절대 쓰고 싶지 않아요."

부모님이나 선생님도 마찬가지다. 국어 교사건 사서 교사건 두 번째 독후감을 읽으면서 입을 꼭 다문 채 화난 표정을 짓는 분은 본 적이 없다. 모두들 즐겁게 킥킥거리면서 표정이 활짝 편다. 그런데 교사와 학생 모두 이런 글을 본 적이 없는 아이러니. 이게 바로 우리나라 교육의 형식화된 면을 극명하게 보여주는 사례다.

　그렇다면 어떻게 해야 우리 아이들을 이렇게 즐거운 독후감 쓰기로 안내할 수 있을까? 어떻게 해야 우리 아이들이 책을 읽고 자신의 삶과 감정, 느낌을 글로 표현하고 싶어 할까? 결국 문제는 다시 재미로 귀결된다. 독서가 학습의 대상이 되는 순간, 아이들에게 아무리 자유롭게 독후감을 쓰라고 해도 첫 번째처럼 쓴다는 사실이다. 반면에 책을 읽는 일이 재미고 게임이고 놀이라면 아무리 독후감이 숙제라고 해도 두 번째처럼 쓸 것이라는 사실을 깨달아야 한다. 선입견이라는 게 그만큼 강력한 힘을 발휘한다.

　학습? 그럼 잘 써야지. 선생님이 원하는 방식으로. 놀이? 그럼 아무렇게나 써도 되겠구나. 내 마음대로 써야지. 그러니 정답은 늘 마찬가지다. 책을 학습이나 교육·지식이라는 단어가 아니라, 재미·즐거움·게임·오락이라는 단어와 결부시켜야 한다. 그렇게 하루, 이틀, 한 달, 두 달, 한 해, 두 해가 지나면 아이들은 누가 뭐래도 책을 재미로 읽고 글을 재미로 쓰게 된다.

　글을 재미있게 쓰지 못한다면 그 글을 왜 써야 하는가? 아이들이 무슨 학자인가? 숙제이기 때문에 언제까지 몇 매를 무슨 내용으로 써야 한다고 강박관념을 갖게 된다면, 이 사이트 저 사이트를 뒤적

거리며 이 글 저 글을 짜깁기해서 독후감 숙제를 만드는 폐단은 영원히 사라지지 않을 것이다.

글쓰기 3대 원칙

 앞서 형식적 글쓰기의 폐해를 살펴보았으니 이번에는 즐겁고 신나는 글쓰기에 대해 살펴보자. 도대체 어떻게 해야 그런 글을 쓸 수 있을까?

다음에 소개하는 글쓰기 방식은 비단 독후감이나 일기 쓰기에만 국한되는 것은 아니다. 전문가들의 영역인 소설이나 시, 그 외에 특정 분야의 전문가들이 쓰는 글이 아니라면 모든 글쓰기에 통용될 수, 아니 통용되어야 하는 방식이다. 모든 글은 상대방에게 내 생각을 효율적으로 전달할 수 있어야 하고 그 글을 읽은 사람이 그로부터 감동을 받거나 수긍을 하거나 나아가 영향을 받을 수 있어야 좋은 글이 되기 때문이다. 다음 소개하는 방식은 쓰는 사람에게 즐거움을 제공해줄 뿐 아니라 읽는 사람에게도 감동, 즉 마음이 움직이도록 만들어준다. 그러니 이보다 더 좋은 방식이 어디 있겠는가. 자, 그럼 이렇게 좋은 글쓰기 방식이 무엇인지 살펴보기로 하자.

1원칙 | 길게 쓰기

처음 글을 쓰기 시작하는 사람—아이들뿐 아니라 청소년, 나아가 성인에 이르기까지—이라면 처음부터 글을 잘 쓰는 것은 쉽지 않다. 따라서 글쓰기의 첫 단계는 잘 쓰는 것보다 향후 잘 쓸 수 있는 기초를 닦는 일이다. 그리고 글쓰기의 기본이 되는 것은 길게 쓰기다. 아이들뿐 아니라 글을 별로 써보지 않은 모든 사람에게 있어 글쓰기의 기본은 길게 쓰기라는 말이다.

학교에서 백일장 같은 걸 할 때 왜 아이들이 산문보다 시를 선호할까? 짧게 써도 되니까 그렇다. 물론 학부모들도 대부분 학창 시절에 백일장에 나가면 시 한 편 후다닥 써 낸 다음에 친구들과 시간을 보내는 데 힘을 기울였을 것이다. 그리고 그런 마음은 세월이 간다고 바뀌지 않는다. 그만큼 아이들, 아니 일반인들에게 있어서도 글을 길게 쓰는 것은 상당히 어려운 일이다. 길게 쓴다는 것은 생각을 계속 확산시켜나가야 한다는 것과 같다. 그러나 주입식 교육, 수동적 교육에 길들여진 아이들은 자신만의 생각을 확산시켜나가는 일에 익숙하지 않다. 그러니 지겨운 글쓰기를 빨리 끝내고 싶은 생각에, 짧게 그것도 선생님이나 부모님이 원하는 방식에 맞추어 쓰고 끝내는 게 목표다. 이래서는 절대 잘 쓸 수 없다.

여러분은 아이가 지금 — 그러니까 8살, 9살, 12살, 15살에 — 글을 잘 쓰도록 하는 게 목적인가? 아닐 것이다. 지금은 못 써도 17살, 18살, 20살, 23살 — 그러니까 논술을 하거나 자기소개서를 필요로 하는 나이 또는 입사 서류를 쓰거나 기획서를 쓸 나이 — 이 될 무렵 글을 제대로 쓰게 되기를 바랄 것이다. 그러려면 글을 길게 쓸 줄 알아야 한다. 길게 쓴다는 것은 앞서도 말했듯이 단순히 A4 용지 숫자만 늘이는 게 아니다. 아주 단순한 사실이라 하더라도 그로부터 계속 생각의 지평을 확대시켜나가야 가능한 일이다. 그러다 보면 결국 단순한 사실로부터 상상력을 키우게 되고, 자신의 삶을 감싸고 있는 현실을 샅샅이 살펴보면서 이런저런 이야기를 쓸 수밖에 없다. 그런 이야기와 내용에는 정답이 있을 수 없다. 자기 부모님에 대한 불만, 학교에 대한 바람, 선생님에 대한 불만, 돈에 대한 욕심 등 어떤 것이 되어도 자기 마음에서 우러나오는 감정을 솔직하게 드러내면 된다.

우리는 앞서 두 편의 독후감을 살펴본 바가 있다. 따라서 독후감 형식의 글을 되풀이하지는 않겠다. 대신 한 편의 일기를 가지고 길게 쓴다는 것의 의미를 짚어보기로 한다.

12월 24일 일기

오늘은 방학 날이다. 그래서 나는 신난다. 학교에 갔더니 선생님이랑 친구들이 모두 즐거운 표정들이다. 나도 덩달아 신나고 즐거웠다. 또 오늘 밤은 크리스마스 이브다. 그러니 산타클로스가 내 양말 안에 선물을 넣어주실 거다. 정말 기대된다. 매일매일이 오늘 같으면 얼마나 좋을까? 오늘은 부모님도 숙제 하라고 안 하실 테니 말이다.

12월 24일 일기

오늘은 방학 날이다. (한 학기 내내 기다렸던 날이다.) 그래서 나는 신난다. (기분이 좋으니 아침에 일어나는 것도 다른 날보다 쉬웠다. 다른 날은 엄마가 깨워도 일어나기 싫었는데 오늘은 혼자서 일어났다.) (학교 가는 길에 만난 친구들도 하나같이 웃는 얼굴이다.) 학교에 갔더니 선생님이랑 친구들이 모두 즐거운 표정들이다. 나도 덩달아 신나고 즐거웠다. (그런데 선생님 얼굴이 즐거운 걸 보니 갑자기 의문이 들었다. 선생님께서는 늘 학교는 즐거운 곳, 공부는 값진 것이라고 하셨는데 왜 방학이 되니까 선생님도 즐거워하시는 걸까? 혹시 선생님께서도 우리처럼 방학을 기다리신 건지 궁금하다.) 또 오늘 밤은 크리스마스이브다. (나는 교회를 나가지 않으니까 아무런 상관도 없을지 모른다. 그렇지만 왠지 크리스마스이브가 되면 마음이 설렌다.) (크리스마스이브에 양말을 걸어놓으면 산타클로스 할아버지가 몰래 오셔서 선물을 준다고 한다.) 그러니 산타클로스가 내 양말 안에 선물을 넣어주실 거다. 정말 기대된다. (물론 나는 초등학교 5학년이니까 산타클로스가 선물을 주시는 게 아니라 엄마 아빠가 선물을 넣어준다는 것쯤은 안다. 그래도 산타클로스가 넣어준다고 생각해야 더 재미있다. 그래서 그냥 그렇게 생각한다.)

(오늘 아침에 아빠가 "민규는 산타클로스 할아버지가 무슨 선물을 갖다 주면 좋겠니?" 하고 물으셨다. 나는 갖고 싶었던 블록이 있다고 말했다. 그래서 나는 오늘 산타클로스가 분명 블록을 가지고 오실 거라고 믿는다. 아빠가 물어봤으니까.) 매일매일이 오늘 같으면 얼마나 좋을까? (놀아도 선생님이나 엄마도 잔소리 안 치시고) 오늘은 부모님도 숙제 하라고 안 하실 테니 말이다.

두 번째 일기는 첫 번째 일기의 약 네 배에 가깝다. 그렇지만 두 번째 일기를 읽다 보면 별 내용도 없다. 앞의 짧은 일기에 자기 생각을 조금 덧붙였을 뿐이다. 골격은 같고 내용도 같다. 반면에 누가 읽어보아도 앞의 일기는 마지못해 썼음을 알 수 있다. 아이도 마지못해 썼을 것이다. 그러나 두 번째 일기는 누가 읽어도 능동적으로 썼다고 믿기에 충분하다. 아무리 마지못해 썼다 하더라도 쓰고 싶어서 자기 마음을 열심히 표현한 것으로 보이기 때문이다. 물론 읽는 재미도 앞의 것과는 사뭇 다르다. 그러니 글을 길게 쓰는 것의 이점이 얼마나 큰지 아실 것이다.

지금이라도 아이를 붙잡고 이런 질문을 해보시라.

"애야, 너 아빠 엄마한테 하고 싶은 불만을 마음껏 써볼래? 학교건 학원이건 학습지건 컴퓨터건. 절대 혼내거나 하지 않을 테니 말이다. A4 종이 몇 장이나 줄까?"

그러면 독후감 쓸 때는 A4 한 장도 길다고 한숨을 쉬던 아이들이 번개처럼 빈 공간을 채워나갈 것이다.

마지막으로 어른들의 걱정거리에 대한 답변을 준비했다. 그 걱정은 이것이다.

"아무리 길게 쓰라고 해도 쓰지 못하면 어떡하죠?"

맞다. 아마 대부분의 아이들은 길게 쓰라고 해도 절대 쓰지 못할 것이다. 단 한 번도 해본 적이 없는 일을 아무 거리낌 없이 할 수 있는 사람은 어른 가운데도 별로 없으니 아이들에게는 당연한 일이다. 게다가 아이들에게 글쓰기는 즐거운 일이 아니라 골치 아프고 짜증나는 일, 그리고 숙제니까 의무적으로 해야 하는 일일 뿐이다. 그런데 거기에 길게 쓰라고까지? 고개를 절레절레 흔드는 것이 당연하다.

그렇다면 어떻게 할 것인가? 매일 아이를 들볶아서 결국 길게 쓰도록 해야 할까? 아니다. 독서·글쓰기에는 여러 번 말씀드리지만 강요는 결코 효과를 보지 못한다. 따라서 편하게, 재미있게, 부담 없이 시작하도록 해야 한다. 이제부터 그 방법을 말씀드리겠다.

첫 번째, 길게라는 개념을 정의해야 한다. 무조건 길게 쓰라고 한다면 그 양이 도대체 얼마 이상이 되어야 할지 누구도 말할 수 없다. 따라서 길게라는 개념에 맞춘 양을 설정해야 한다. 필자는 '길게'라는 개념을 이렇게 정의한다. 글과 관련해서 현대인의 머릿속에 가장 먼저 떠오르는 상징은 바로 A4 용지다. 과거에는 200자 원고지가 떠올랐지만 오늘날에는 A4 용지가 그 일을 대신한다. 아이들도 글을 쓰거나 숙제를 하거나 늘 A4 용지를 기준으로 글을 작성한다.

그런데 이러한 습관이 얼마나 무서운가 하면 보고서같이 정해진 시간에 정해진 방식으로 정해진 내용을 쓰는 경우, 대부분 한 가지 주제, 한 가지 제목 아래서는 A4 용지 한 쪽에 모든 내용을 집어넣으려 한다. 이는 잠재적으로 우리 모두의 머릿속에 A4 용지가 칠판 크기처럼, 아니면 과거에 자주 사용했던 엽서 크기처럼 자리 잡고 있기 때문이다. 그래서 쓰는 사람이나 읽는 사람이나 A4 용지를 자연스럽게 기준으로 삼게 되는 것이다.

그래서 '길게'는 바로 A4 용지의 틀을 깨는 것, 그 제한에서 벗어나는 것이다. 글씨 크기에 따라 그 양은 상당히 달라질 수 있다. 그러나 글씨 크기는 나이에 어울리게 자연스럽게 형성되기 마련이다. 초등학교 1, 2학년이라면 '흔글' 프로그램을 기준으로 12~13 포인트 정도를 사용하고, 초등학교 고학년으로 갈수록 10~11 포인트로 작아진다. 그래서 글씨 크기에는 연연하지 않는 게 좋다. 나이가 들수록 자연스럽게 적응하는 크기면 된다는 말이다.

이를 바탕으로 다시 한 번 정의한다면 A4 용지 한 쪽을 넘어서는 것이 '길게' 쓰는 것이다. 어른도 글을 쓰려고 하면 A4 용지 정도에 맞추어 쓰면 되겠다고 판단할 것이니 아이들이 그런 기준을 세우는 것도 당연할 것이다. 바로 그 잠재하고 있는 글 담는 용기를 깨뜨리는 것이 길게 쓰는 기준이 되어야 한다. 용기가 깨져야 그 안에 담고자 하는 내용물도 바뀔 수 있다. 늘 화장품 용기 모양이라면 화장품 외의 것을 넣겠다는 생각이 떠오르지 않는다. 그런 완고한 자신의 사고 틀을 깨는 것, 이야말로 글쓰기의 출발점이 되는 것이다.

다음에 해결해야 할 문제가 본질인데, 바로 A4 용지 한 장을 채우고 뒷면으로 넘어가야 한다면 얼마나 길게 써야 할까? 상당히 길게 써야 한다. 그러나 처음에 이렇게 쓸 수 있는 어린이는 거의 없다. 그러면? 반복해서 쓰도록 한다. 직접 쓰는 경우에는 자신이 쓴 글을 반복해서 써서 A4 용지 뒷면에 한 줄이라도 넘겨 쓰고, 컴퓨터에 타자를 칠 때는 똑같은 문장을 직접 쳐서 A4 한 쪽을 한 줄이라도 넘기면 칭찬을 해주는 것이다. 물론 컴퓨터를 사용하는 경우 앞의 내용을 복사해서 뒤에 계속 붙이는 것은 안 된다. 그건 자기가 직접 쓴 것이 아니기 때문이다. 자기 손으로 썼다면 내용은 아무래도 상관없다. 잘 써도 좋고 못 써도 좋다. A4 용지 뒷면을 한 줄이라도 넘어갔다면 무조건 칭찬의 대상이 되는 것이다. 그러니까 처음에는 채찍이 아니라 당근을 이용해야 한다.

'도대체 이게 무슨 의미가 있담?' 하고 생각하시는 분이 많으실 것이다. 그러나 처음에는 뇌 속에 잠재되어 있는 틀을 깨는 것이 중요하다고 말씀드렸다. 이게 바로 그런 작업의 일환이다.

또 하나는 인간에 대한 신뢰로부터 출발하는 것이다. 인간이라면 처음에는 자신의 능력이 안 되어서 세 줄밖에 못 썼고, 그걸 반복해서 써서 용지의 앞면을 다 채운 후 뒷면으로 넘어갔는데도 칭찬을 받으면 기분이 좋을 것이다. 그런데 오늘도, 내일도, 1주일 후에도 계속 몇 줄밖에 안 쓴 상태에서 그 내용을 반복해서 입력하거나 쓰는 것은 결국 당사자를 자각하게 만든다.

'내가 왜 매일 같은 내용만 반복해서 쓰고 있지?' 그리고 그런 생각이 드는 순간 이렇게 된다.

11월 1일 일기

나는 오늘 아침에 늦게 일어나 밥을 부랴부랴 먹고 똥을 싼 다음 학교에 갔다. 그리고 집에 돌아와서 학원에 갔다 온 후 게임을 하고 잤다.

나는 오늘 아침에 늦게 일어나 밥을 부랴부랴 먹고 똥을 싼 다음 학교에 갔다. 그리고 집에 돌아와서 학원에 갔다 온 후 게임을 하고 잤다.

나는 오늘 아침에 늦게 일어나 밥을 부랴부랴 먹고 똥을 싼 다음 학교에 갔다. 그리고 집에 돌아와서 학원에 갔다 온 후 게임을 하고 잤다.

12월 1일 일기

나는 오늘 아침에 늦게 일어나 엄마한테 혼났다. 그리고 엄마가 차려준 밥을 부랴부랴 먹고 똥을 쌌다. 근데 급할 때는 왜 똥이 더 안 나오는지 모르겠다. 똥 싼 다음 학교에 갔다. 학교에서도 똥 생각이 계속 났다. 아마 난 똥박사가 될지도 모른다. 학교가 끝난 다음에 집에 돌아와서 학원에 갔다. 아! 학교만 있으면 좋겠다. 그게 안 되면 학원만 있으면 좋겠다. 지겨워 죽겠다. 학원이 끝나자마자 신나게 달려 집에 가서 게임을 했다. 오늘은 성적이 안 좋다. 맨날 지기만 했고 이긴 것은 기억도 나지 않는다. 재미있으려고 했는데 기분 잡쳤다. 그래서 씻지도 않고 잠을 잤다.

두 번째 일기를 보면 별로 쓴 것도 없는 것 같은데 첫 번째 일기에 비해 세 배 이상 길어졌다. 이렇게 사소한 일들이 모여 글의 내용을 풍요롭게 만드는 것이다. 글을 길게 쓰는 것이 대단한 일이 아니라는 사실을 깨닫고 나면 그 다음에 길게 쓰는 것은 점차 쉬워지기 마련이다.

2원칙 | 솔직하게 쓰기

글을 쓰는 데는 정답이 없다. 어떤 글이 정답이고 어떤 글이 오답인지는 귀신도 모르고 시어머니도 모른다. 그러니 독후감에도 정답이 없다. 일기에도 정답은 없다. 어떤 글에도 정답이 없다. 그러나 더욱 중요한 것은 만일 글에 정답이 있다면, 정답에 가까운 글일수록 글로서의 가치는 떨어진다는 사실이다. 남이 다 쓰는 글에 가까운 글일수록 읽는 사람의 가슴을 움직이기 힘들다. 남이 절대 쓰지 못하는 글이라야 누군가의 가슴에 새겨지지 않겠는가. 물론 그런 글일수록 처음에는 낯설게 느껴질지 모르지만 낯선 글이 우리에게 감동을 준다. 낯익은 글일수록 읽어보았자 별로 감흥을 느낄 수 없다. 왜? 낯익다는 것은 흔하게 접해보았다는 뜻이기 때문이다.

그런데 이렇게 낯선 글을 쓰는 데 가장 좋은 방법은 바로 솔직하게 쓰는 것이다. 솔직하다는 것은 내가 직접 겪거나 직접 느낀 것이라는 말이니 다른 사람에게는 낯선 것이 되기 쉽다. 바로 이것이 솔직함의 아이러니이다. 다른 사람을 감동시키기 위해 온갖 거짓을 다 동원하는 사람들이 많은데, 그런 거짓일수록 다른 사람을 감동시키지 못한다. 거짓은 아무리 창조적으로 재생산한다 해도 이미 수많은 사람들이 꾸며낸 적이 있기 때문이다. 거짓은 누구나 아무 부담 없이 꾸며낼 수 있고, 그렇기 때문에 자기는 정말 탁월한 창작물이라고 여길지 모르지만 읽는 사람은 어디선가 많이 접한 이야기임을 직감적으로 알게 되는 것이다.

반대로 솔직하게 쓴 글은 어디서도 쉽게 접하기 어렵다. 돌이켜 생각해보라. 자기를 솔직하게 드러낼 용기를 가진 사람이 과연 얼마나 될까? 필자도 나 자신을 솔직하게 드러내는 데는 주저하게 된다. 솔직하게 쓴 글만이 상대방을 감동시키고 결국 잘 쓴 글이 된다는 사실을 분명히 아는 필자조차도 나 자신을 드러내는 데 부담을 느끼는데 과연 누가 거리낌 없이 자기 자신을 솔직하게 드러내겠는가. 그런 까닭에 솔직하게 쓴 글이야말로 어디서도 접하기 힘든 글일 뿐 아니라 글을 읽는 사람들에게 감동을 주는 것이다. 앞서 살펴본 바 있는 독후감의 경우가 좋은 예인데, 두 번째 독후감이 바로 솔직하게 쓴 글이다. 그렇기에 어디서도 접해 본 적이 없는 글이 된 것이다.

그러나 앞서 말한 것처럼 누구나 솔직하게 글을 쓰는 것을 주저한다는 사실을 기억해야 한다. 그렇기에 더욱 중요한 사실은, 솔직하게 쓴 글에 대해서는 글을 잘 썼건 못 썼건, 내용이 어떻건, 읽는 사람의 기분을 상하게 했건 아니건, 선생님 입장에서 기분이 나빴건 좋았건, 부모님 입장에서 마음이 아프건 말건, 아이가 나쁜 짓을 했건 아니건, 거짓말을 했건 아니건 절대! 절대! 절대! 글을 쓴 아이에게 글과 관련해서 책임을 묻거나 야단을 치거나 그 내용에 대해 꼬치꼬치 따지거나 해서는 안 된다는 사실이다. 단 한 번이라도 그런 짓을 어른이 하면 어떤 아이건 다시는 솔직하게 자신을 드러내지 않는다. 그리고 이 습관은 평생을 간다. 평생 자신을 드러내지 않는 거짓된 삶을 반복한다는 것이다. 이 얼마나 비극인가.

그렇다면 반대의 경우는? 늘 어른이 원하는 방식으로 글을 쓰던 아이가 어느 날 가슴이 터질 것 같은 답답함 때문에 '에이, 오늘은 정말 글을 잘 쓰기 싫다. 그냥 아무렇게나 쓸래. 혼나면 혼나지 뭐. 한 열 대 맞으면 되겠지.' 하는 혼잣말을 하면서 여느 때와는 전혀 다르게 자기 마음을 온전히 드러냈다고 하자. 그런데 당연히 혼나고 매를 맞을 줄 알았는데 오히려 칭찬을 받고 "너 정말 최고다. 어떻게 이런 놀라운 글을 쓸 수 있었니?" 하는 반응을 접했다면 어떻게 될까?

당연히 아이는 상전벽해가 되는 경험을 접하게 될 것이고, 그 아이는 평생 글 쓰는 사람으로 살아갈 가능성이 무척 높다. 솔직한 글을 쓴다는 것은 말 그대로 자신의 가슴 속에 맺힌 불만·갈등·아픔·후회·반성·기쁨·환희·분노 따위를 모두 풀어냄으로써 평화를 얻는 것이기 때문이다.

게다가 글을 잘 쓰는 행위는 현실적으로도 큰 성과물을 안겨준다. 글 잘 쓰는 사람은 어디를 가나 대우를 받으니까 말이다. 그러니 단 한 번의 경험이 아이를 완전히 새로운 사람으로, 새로운 삶으로 이끌 수 있다는 것은 거짓말이 아니다.

그래서 글에는 정답이 없다는 말을 쉴 새 없이 해주어야 한다. 특히 선생님들의 역할이 중요하다. 아무리 엉터리로 쓰였다 해도 절대 야단을 쳐서는 안 된다. 단 한 명만 야단을 쳐도 그 야단이 한 반 아이들 전체에게 전염되는 것은 0.1초도 걸리지 않는다. 그러니 엉터리 글일수록 칭찬을 해주어야 한다. 그래야 아이들이 솔직하게 쓴다. 솔직하게 쓴 아이의 글이 칭찬을 받기만 하면 그 다음부터는 모든 아이들이 솔직하게 쓴다. 그리고 쓸 내용도 많아진다. 이젠 길게 쓰지 말라고 해도 길게 쓰게 된다. 길게 쓰기 시작하면 그 아이는 글에 대한 두려움이 사라진다.

글에 대한 두려움이 사라진 아이가 공부를 못하는 일이 가능하겠는가? 그 정도 되면 성적 오르는 것은 시간문제다.

3원칙 | 귀납적 글쓰기

사실 앞의 두 방식은 글쓰기의 첫 단계이자 기본 지침인 반면 이번 내용은 참으로 글을 잘 쓰기 위한 것이라 할 수 있다. 앞의 두 가지 방식을 따르면 향후 글을 잘 쓰게 될 가능성이 높아지지만 그 방식 자체가 잘 쓴 글을 만드는 것은 아니라는 말이다.

반면에 이 방식은 그 자체로 글을 잘 쓰는 사람으로 인정받게 만들 수 있다. 그래서 어떤 면에서는 가장 중요하다고 볼 수 있다. 그러나 하나 첨언할 게 있다. 이 방식은 글쓰기 전문가, 즉 작가들을 위한 지침이 아니라는 사실이다. 이 방식은 청소년, 아이들, '글쓰기 전문가를 향해 나아가고자 하는 비전문가'를 위한 것이다. 왜냐하면 필자가 글쓰기 전문가가 아니라 전문가를 향해 나아가고자 하는 비전문가이기 때문이다. 그렇다고 해서 필자가 완전히 비전문가는 아니니 "뭐야? 글도 제대로 못 쓰는 비전문가가 글을 이렇게 써라, 저렇게 써라 왈가왈부한단 말이야?" 하고 불만을 늘어놓으실 필요는 없다. 필자는 이 책 외에도 여러 권의 책을 출간했고, 그 가운데 한두 권은 그런대로 괜찮다는 평가도 받았으며, 어려운 시절에는 글을 써서 호구책을 삼기도 했으니 글쓰기에 대해 감 놔라, 배 놔라 한마디는 할 수 있지 않을까?

다시 방식으로 돌아가자. "귀납적 글쓰기? 이게 무슨 말이야?" 하고 반문하실 분들이 많으실 것이다.

"우리가 쓰는 글이 논설문이 아닌데 웬 귀납법이니 연역법이니 하는 용어가 등장하지?"

맞다. 우리는 논설문을 쓰려는 게 아니다. 그럼에도 이런 방식이 필요하다. 왜 그런지 이제부터 살펴보기로 하자.

귀납법歸納法이란 국어사전에 의하면 '개별적인 특수한 사실이나 원리를 전제로 하여 일반적인 사실이나 원리로서의 결론을 이끌어내는 연구 방법'이다. 반면에 귀납법의 반대 개념인 연역법演繹法은 '일반적 사실이나 원리를 전제로 하여 개별적인 특수한 사실이나 원리를 결론으로 이끌어 내는 추리 방법'을 가리킨다.

　그렇다면 도대체 글쓰기와 이 복잡한 추리 방법 사이에 무슨 관련이 있다는 말인가? 다음 두 종류의 글을 보자.

　1. "여기 신 한 분이요"

　어느 손님이 들어서건 나는 외친다. "여기 신 한 분이요." 왜? 모든 손님은 신, 즉 신발을 신고 들어오신다. 그런데 이 신발이란 존재가 갖는 의미는 각별하다. 세례 요한이 예수님의 신들메 풀기도 감당하지 못한다고 성경에 나오듯이 신발은 가장 낮은 곳에 위치한 것을 말한다. 따라서 나는 우리 가게를 찾아주시는 손님의 가장 낮은 부분을 섬기겠다는 뜻에서 이렇게 말하는 것이다. 또 있다. 내게 신, 즉 God은 언제부터인가 손님, 나아가 이웃이 되었다. 물론 나도 오래전에는 성경 속에 나오는 신을 믿었다. 그러나 어느 순간엔가 나에게 일용할 양식을 주시고 일용할 사랑을 주시며 일용할 믿음을 주시는 이웃과 손님이 신임을 깨닫게 되었다. (이하 생략)

　2. 나는 왜 무신론자인가?

　나는 무신론자다. 왜? 지금부터 그 이야기를 해보겠다. 오래전 나는 신을 믿었다. 사실을 말하자면 신, 즉 초월적인 존재를 상정하는 종교는 세상에 많지 않다. 사람들은 종교라면 모두 인간을 넘어서는 존재, 즉 인간이 모든 것을 의지하는 전지전능한 존재인 신을 섬긴다고 생각하고 있지만 그렇지 않다. 우리가 쉽게 접할 수 있는 불교도 신을 섬기지 않는다. 부처님도 신이 아니다. 다만 우리보다 먼저 깨달은 자에 불과하다. 유교가 신을 섬기지 않는 것은 익히 알려진 사실이다. 따라서 우리가 아는 신을 섬기는 종교는 유대교에 뿌리를 둔 종교, 즉 기독교·유대교·이슬람교가 대표적이다. 힌두교는 범신론汎神論, 즉 세상 모든 존재에 신적 요소가 포함되어 있다고 여기는데, 이런 신을 우리가 아는 신이라 할 수 있을까? 따라서 "나는 신을 믿는다."라고 할 때의 신은 십중팔구 기독교의 신이다. (이하 생략)

두 글을 보셨는가? 물론 두 글이 종결된 상태가 아니라 별 의미는 없지만, 아마 기독교인이시라면 두 번째 글은 제목만 보셨을지 모른다. 지겹게 들은 말 가운데 하나가 "나는 교인입니다."라면 또 다른 하나는 "나는 무신론자입니다."일 테니까.

그러나 아무리 기독교인이건 유신론자有神論者이건 무신론자이건 첫 번째 글을 제목만 보고 넘어가기는 쉽지 않다. 글의 결론이 무엇인지 알 수 없기 때문이다. 바로 이것이다. 우리는 지금 전문가의 글쓰기를 언급하는 것이 아니다. 그저 생활 속에서, 학교에서, 직장에서 글을 잘 쓰는 사람이 되는 방법에 대해 이야기하고 있다. 그러므로 모든 종류의 글을 잘 쓸 필요는 없다. 그런 면에서 위의 두 글은 시사하는 바가 크다.

우선 전문가라면 어떤 경우에는 두괄식, 또 어떤 경우에는 미괄식이나 양괄식 글로 자유롭게 쓸 수 있다. 그러나 우리는 전문가가 아니기 때문에 글을 쓸 때 가장 중점을 두어야 할 것이, 바로 읽는 사람의 눈을 사로잡는 것이다. 첫 문장에서 읽는 사람의 눈을, 마음을 사로잡지 못한다면 독자들은 우리가 쓴 글을 읽을 필요성을 느끼지 못한다. 반면에 우리가 전문가라면, 즉 유명한 작가나 평론가나 기자라고 한다면 독자들은 글의 출발이 마음에 안 들더라도 쉽게 눈을 떼지 못할 것이다. '도대체 이 사람이 왜 무신론자라는 거야? 마음에는 안 들지만 왜 그런지 그 이유나 알아보자.' 하며 읽을지도 모른다. 그렇지만 김기철이라는, 이름도 낯선 사람이 '나는 왜 무신론자인가?' 라는 제목의 글을 발표했다면 '그래 너 무신론자야. 너 아니라도 천국은 발 디딜 틈도 없거든. 그러니 계속 믿지 마세요.' 하며 읽지 않고 넘어갈 가능성이 99%, 아니 100%일 것이다.

그렇기에 우리가 글을 쓸 때는 절대 제목, 아니라면 첫 문장에서 글의 결론을 독자에게 알려주어서는 안 되는 것이다. 극단적으로 단순화한다면 사실 모든 글은 결론이 무언지 알기 위해서 읽는 것이다. 소설이 되었건 논설문이 되었건 일기가 되었건 자기소개서가 되었건 마찬가지다. "도대체 결론이 뭐야?" 이것이 질문의 핵심이라는 점이다. 그런데 썩 잘 쓰지도 않은 글이 제목 또는 첫 문장에서 '내 결론은 이거예요.' 하고 알려주면 누가 그 글을 끝까지 읽고 싶겠는가.

반면에 첫 번째 글을 보라. "여기 신 한 분이요." 제목부터 심상치 않다. 게다가 제목에 큰따옴표라니! 그러니 궁금하지 않을 수 없다. 이렇게 독자의 마음과 눈을 글에서 떼지 못하게 만들어야 하는 것이다. 그것도 첫 문장에서 말이다. 바로 이것이 귀납적 글쓰기라는 것이다. 작은 사실, 구체적 경험으로부터 시작하는 글쓰기, 그리고 그 작은 것으로부터 시작해 마지막에 결론이 드러나는 글쓰기, 주장하는 바를 끝까지 감추고 있다가 마지막에 알려주는 글쓰기, 이 방식이 미처 전문가가 되지 못한 사람들의 글쓰기로는 최적이라는 게 필자의 경험이다.

권장도서의 함정

이번에는 권장도서에 대해 메스를 대보자. 사실 권장도서가 아이들의 독서를 가로막는다고 말하면 지나가던 삼척동자도 헛웃음을 지을지 모른다.

"아니, 독서 교육의 첫걸음인 권장도서가 오히려 독서를 가로막는다고요? 가로막는다는 단어를 혹시 격려하고 지원한다는 뜻으로 잘못 알고 계신 것 아닌가요?"

그렇지 않다. 독서를 가로막는다는 것은 책을 펼치는 순간 고통을 주거나, 읽고 싶은 책을 읽으려고 하는데 갑자기 읽고 싶지 않은 책을 읽으라고 하는 것 따위의 행동이다.

그렇다면 왜 권장도서가 아이들의 독서를 가로막는 존재로 전락한 것일까?

나이가 같으면 독서 능력도 같다고?

우리나라에는 참으로 많은 권장도서가 있다. 학교에 가면 우리 반 권장도서·1학년 권장도서·여름방학 권장도서, 도서관에 가면 이달의 권장도서·금주의 권장도서·학년별 권장도서, 학원에 가면 또 이달의 권장도서·학년별 권장도서 등등. 그런데 이러한 권장도서 홍수 사태야말로 우리나라가 얼마나 독서를 안 하는지를 보여주는 분명한 증거라고 할 수 있다. 독서가 일상화되어 있다면 이런 방식으로 독서를 권장하지는 않을 테니 말이다. 그러나 우리 현실을 감안한다면 이런 방식으로라도 독서의 생활화를 유도하는 것이 필요할지 모른다.

그런데 필자가 하고 싶은 이야기는 따로 있다. 바로 권장도서의 함정에 관한 것이다. 사실 독서 능력은 나이나 학년에 따라 결정되는 것이 아니다. 독서 능력은 독서 경력에 가장 크게 좌우된다. 물론 이 외에도 독해력이나 지능, 학습 내용 등도 독서 능력에 영향을 미친다. 그렇지만 역시 독서 경력보다 더 영향을 미치는 항목은 없다. 그런데도 우리나라 대부분의 기관에서 발표하는 권장도서(추천도서)는 늘 학년·나이를 기준으로 삼는다. 그래서 책 한 권 안 읽은 아이도 고등학생이 되면 단테의 《신곡》을 읽어야 한다. 그뿐이랴? 초등학교에 입학하기도 전에 학습지에 의존하고, 학교에 들어가서는 학원에, 과외선생에, 그리고 궁극적으로는 어머니의 힘에 의지해서 대학에 들어간 아이들이 하이젠베르크의 《부분과 전체》를 읽고 독후감을 써야 하는 개그를 연출하기도 한다. 필자가 읽다 포기한 책이 수없이 많은데 그 가운데 대표적인 책이 바로 《부분과 전체》였다. 내용 자체가 워낙 어려워서 무슨 내용인지도 모르겠지만, 번역하신 분의 한글 수준이 너무 높아서(?) 필자 정도 되는 독해력으로는 그 책의 한글 문장도 이해가 가지 않았다. 그러니 어떻게 이 책을 읽을 수 있겠는가.

여기서 잠깐 샛길로 가겠다. 이 길이 샛길이기는 하지만 독자 여러분께서도 이런 사실 하나쯤은 알아두시는 것이 독서 활동에 썩 나쁘지는 않으리라 여겨지니 그저 넘기지는 마시길.

왜 《부분과 전체》라는 책을 언급하면서 필자는 번역 때문에 읽기 힘들다고 이야기하는 걸까?

"다른 번역자의 책을 읽으면 되잖아요?"

맞다. 다른 번역자의 책이 출간되어 있으면 그렇게 하면 된다. 그런데 수많은 책들이 저작권 보호라는 경제적 이유로 인해 독점 출간되고 있다. 따라서 만일 특정 출판사가 특정의 책을 저작권 계약을 통해 출간할 권리를 획득한 경우, 번역이 어떻든, 편집이 어떻든, 정가가 어떻든 독자는 오직 그 책만을 선택해야 한다. 물론 저작권이 저자 사후 50년 – 자신들이 합리적이라고 주장하는 미국인들은 이걸 70년으로 늘려야 한다고, 그렇게 해서 한 권의 책으로부터 산출되는 경제적 이득을 확대해 더 좋은 책이 집필되도록 해야 한다는 참으로 경제적인 논리를 펼치고 있다. – 후에는 소멸되기 때문에 그때 가서는 누구나 자유롭게 출간할 수 있기는 하다. 그래서 우리는 평균수명을 120세 이상으로 늘려야 하는 것이다.

각설하고 다시 본론으로 넘어가자.

사실 고등학교 이상의 성인에게는 권장도서라는 게 없는 것이 맞다. 그 정도 학습을 받은 사람이, 누군가가 "이 책은 꼭 읽어야 합니다." 하고 권해야 "네, 알겠습니다." 하고 읽을 정도라면 독서 또한 학습지와 별반 다르지 않은 학습 수단에 불과한 것이리라. 앞서 여러 번 강조했듯이 독서가 인간을 독립적인 인간, 자각하는 인간, 창조하는 인간으로 만드는 과정이라고 할 때, 그 정도 고등교육을 받은 사람이라면 자신이 읽어야 할 책을 스스로 선정할 줄 알고, 그 책을 이해하기 위해서는 어떤 사전 준비가 필요한지 정도는 알 것이다. 따라서 그 나이, 즉 과거 같으면 성혼례成婚禮를 통해 한 가정을 이룰 나이, 또 작가 최인호가 등단하던 나이―1945년생인 그는 1963년에 등단했다―에도 다른 사람이 권해주어야만 자신이 읽어야 할 책을 고를 정도라면, 그런 독서 교육은 이미 실패한 것임을 누구나 알 수 있다. 그러니 이런 어리석은 독서 교육은 하루 빨리 폐기 처분하자.

아이들의 경우도 마찬가지다. 어떤 학교에서 초등학교 3학년 권장도서에 선정된 책이 있다면 그 학교에 다니는 3학년 아이들은 특별한 경우가 아니라면 그 권장도서를 접하게 된다. 그런데 그 학교 3학년 아이들 수백 명이 모두 같은 독서 능력을 갖지는 않았을 것 아닌가. 그럼에도 학교에서는 할 수 없이 일률적인 평가를 할 수밖에 없다. 이는 3학년이면 모두 같은 교과서로 같은 내용을 공부하는 것과 같다. 그런데 교과서와는 달리 독서는 반드시 그 내용을 읽어야만 되는 것이 아니다. 소위 필요조건이 아니라 충분조건이란 말이다. 그러나 권장도서는 필요조건이다. 필요조건이라는 말은 3학년이면 누구든, 이유 여하를 막론하고 읽어야 한다는 말과 같다.

독서는 필요조건이 아니다

왜 독서가 이런 필요조건이 되어야 하는가? 이는 다시 한 번 강조하지만 독서를 재미·즐거움·지적 호기심의 대상으로 보는 것이 아니라 학습의 대상으로 본 결과다. 그리고 이러한 권장도서 선정과 권장도서 읽기는 독서가 습관화되지 않은 아이는 물론 습관화된 아이에게까지 억압(스트레스)을 주기 십상이다.

"내가 읽기 싫은 책인데 왜 읽어야 하지? 난 다른 책이 읽고 싶은데."

"난 이 책이 너무 어려운데 어떻게 읽지? 아, 옆집 경수가 쓴 독후감 한번 읽어봐야지."

이런 현상이 일어나지 않을까? 그리고 이러한 필자의 우려는 곧 현실이 된다.

필자가 강연을 다니면서 아이들·학부모들과 대화를 나누어본 결과, 두루 권장도서에 대한 압박감이 심했다. 당연한 결과다. 수준도 고려하지 않고 독서에 대한 개인적 성향도 고려하지 않은 이러한 일률적인 방식은 창의와 비판, 상상력을 키워주는 독서에는 그야말로 독약과 마찬가지다. 그래서 필자는 강연 때마다 이런 방식을 요구한다.

"학교가 되었건 공공도서관이 되었건 연령과 학년에 따른 권장도서는 학습과 의무라는 단어를 동시에 떠올리게 됩니다. 물론 그것을 선정하는 사람도 무의식중에 그런 느낌을 갖는 것이고요. 그래서 저는 이런 방식 대신 다음과 같은 방식을 요구합니다. 기분이 우울할 때 읽으면 좋은 책, 엄마에게 공부 안 한다고 혼났을 때 읽는 책, 친구와 다투었을 때 읽는 책, 겨울에 모기가 나타났을 때 읽는 책(이때는 지구온난화에 따른 기후 변화와 그에 따른 자연 생태계 교란에 관한 책을 권하면 됩니다), 기름 값이 비싸다고 투덜대는 아빠를 이해하기 위한 책, 등등입니다."

어떤가? 당연히 아이들이 책에 손을 뻗치게 되어 있다. 독자 여러분께서 확인하실 필요가 없다. 필자가 이미 확인했으니까. 대부분의 아이들은 학습과 의무가 실리지 않은 독서에 대해서는 매우 호감을 가지고 있다. 모든 인간은 지적 호기심을 갖추고 태어났기 때문이다. 그래서 친구와 다투었을 때 읽는 책이나 선생님이 죽도록 미울 때 읽을 만한 책을 권하는 것이, 선생님이 불러서, "너 왜 친구와 싸웠니? 친구와 싸우는 것은 좋은 일이 아니야. 빨리 가서 화해해."라거나, "선생님께 대들어? 너 정말 버르장머리가 없는 아이구나. 누가 그렇게 가르치데? 내일 부모님 모시고 와. 그리고 반성문 써 와." 하는 것보다 훨씬, 친구와 사이좋게 지내고 선생님을 존경하는 아이로 만드는 데 효과적이다.

만화에 대하여

 만화는 독서 교육에 관심이 많은 학부형들에게 최대의 관심사다.

"서점에 가면 만화만 사달라고 하는데 어떡하나요?" "도서관에서도 만화만 봐요."

만화, 만화, 만화! 강연에서 받는 질문의 반 정도는 만화에 관한 것이다. 그래서 여기서는 만화에 대해 살펴보기로 한다.

만화에도 여러 종류가 있다

우리가 만화! 할 때 떠오르는 이미지는 비교적 분명하다. 그런데 서구에서는 만화! 하면 머릿속이 복잡해진다. 왜? 만화에도 여러 종류가 있기 때문이다. 간단히 살펴보자면 세계에서 가장 큰 인터넷 서점 아마존(amazon.com)을 들어가면 된다. 그곳에는 우리말로 만화라고 부를 만한 분야가 여럿 있다. cartoon, comics, manga, graphic novels가 그것이다. 한마디로 만화라고 해서 다 같은 만화가 아니라는 말이다.

이렇게 분류해놓고 보니 그럴 듯하다. 우선 이에 대해 살펴본 후 만화에 대한 논의를 계속하기로 하자.

카툰은 본래 시사적인 내용을 나타내는 짤막한 만화를 가리키는 용어다. 코믹스에는 어린아이들이 좋아하는 흥미 위주의 만화 또는 짤막한 학습 만화 등이 이 포함될 것이다. 망가manga란 일본말 만화를 영어로 표현한 것이다. 그래서 '망가'로 읽는다. 일본이 만화 강국이라는 것은 널리 알려진 사실이다. 오죽하면 일본말 망가가 세계의 공용어가 되었겠는가.

그렇다면 그래픽 노블graphic novels은? 이 또한 우리나라에서는 만화로 간주된다. 그렇지만 앞서 살펴본 만화와는 사뭇 다른 것이 사실이다. 그래픽 노블을 우리말로 옮기면 '그림 소설'이라고 해야 하나? 새로운 문물이 밖에서 유입되면 본래 명칭을 도입하는 것이 당연한 것으로 여기는 것이 대한민국이기 때문에 이 용어도 마땅한 우리말이 없다. 여하튼 그 의미를 용어로부터 숙고해보면, '허구에 입각한 소설적 구성을 가지고 있지만 그 내용을 활자 외에 그림까지 동원해 표현한 새로운 분야'라고 할 수 있겠다. 그러니 그래픽 노블 입장에서 보면 코믹스니 망가 같은 친구들과 함께 '만화' 라는 주머니 속에 뭉뚱그려 포함된다는 것이 불만일 수도 있을 듯하다. 실제로 그래픽 노블에 분류된 서양 만화들을 보면 우리가 생각하는 만화와는 사뭇 다름을 알 수 있다. 물론 우리나라에서는 아직 그래픽 노블이라는 분야가 활성화되지 않아서 그 구분을 짓기도 힘들지만 말이다.

자, 그럼 앞서 살펴본 다양한 만화 종류를 머릿속에 떠올리며 우리 아이들의 만화에 대해 살펴보기로 하자.

만화도 독서다

여러분께서 아이들이 만화를 읽는 것에 우려를 한다는 것은 무의식적이건 의식적이건 만화를 읽는 것은 독서가 아니라는 판단을 하고 있다는 것이다. 그렇다면 왜 만화를 읽는 것은 독서가 아니라고 여기는 것일까? 간단하다. 만화에는 책에 있는 것이 없다고 여기기 때문이다. 그럼 우리가 책에 있다고 여기는 것은 무엇일까? 앞서 살펴본 바와 같이 상상력 – 창의력 – 비판력으로 이어지는 사고의 확장, 독해력 제고와 이해력 증진을 가져오는 언어적 학습 효과, 궁극적으로는 인간 존재의 목적이라고 할 수 있는 문화적 계발과 이를 통한 지성의 습득일 것이다.

그렇다면 정말 만화에는 이러한 것이 없을까? 나아가 만화를 읽다 보면 나중에는 글씨만 빼곡한 책에 대한 흥미까지 잃는 것은 아닐까? 맞다. 그런 우려에는 충분히 그럴 만한 근거가 있다. 왜냐하면 우리의 사고력과 상상력을 자극하지 않는 영상은 대부분 우리를 지적으로 수동적인 존재로 만들기 때문이다. 텔레비전이 그렇고 어설픈 영화가 그러하며 많은 만화가 그렇다.

그렇다면 반대로 이런 추론도 가능하지 않을까? 만일 우리의 사고력과 상상력을 자극하는 영상이라면 그 수단이 무엇이든 독서에 버금가는 효과를 초래하지 않겠는가? 이 또한 맞다. 그래서 만화에 대해 우려를 금치 못하는 분들도 이원복의 《먼나라 이웃나라》에 대해서는 어떤 거부감도 나타내지 않으신다. 텔레비전에 대해 우려를 금치 못하는 분들도 〈동물의 왕국〉에 대해서는 어떤 거부감도 나타내지 않듯이 말이다.

결론적으로 만화라는 분야에 속한 것이 문제가 아니라 그 책이 탄생하게 된 계기가 문제다. 그리고 이는 만화 외에 소설이건 산문이건 자기계발서건 모든 책이 마찬가지다. 즉, 어떤 형식을 띠고 있건 그 형식이 문제가 아니라 탄생하게 된 동기가 문제라는 것이다.

만화가 부정적으로 인식된 까닭

사실 출판사를 운영하면서 다양한 책을 출간한 경험이 있는 필자는 대부분의 경우 어떤 책이 순수한 사랑의 결실로 탄생하고, 어떤 책이 불륜으로부터 탄생하는지 본능적으로 알 수 있다.

출판사나 저자가 책을 출간하는 것은 다음과 같은 세 가지 목적에 따라 이루어진다.

(가) 팔리지 않을 것을 알면서도 출간할 가치가 있다고 판단하는 경우

(나) 팔릴지 안 팔릴지도 잘 모르고 출간할 가치 판단도 사람에 따라 다른 경우

(다) 출간할 가치가 없음에도 오직 팔기 위해 출간하는 경우

세 가지 가운데 (가)에 대해서는 그 누구도 이의를 제기하지 않을 것이다. 하물며 출판사 사장조차 팔리지 않아서 손해를 보아도 수긍한다. 출간되는 책은 (나)의 경우가 대부분인데, 이는 저자에 따라, 출판사에 따라, 독자에 따라 판단이 달라지는 것이 당연하다. 따라서 출판사들은 가치가 있는 책이라 판단하는 경우 출간을 결정하고, 그렇게 출간된 책을 많이 팔기 위해 노력을 기울이는 것이다. 결국 (가)와 (나)에 해당하는 책은 누구도 이의를 제기할 수 없다.

문제는 (다)의 경우에 해당하는 책이다. 이 부류에 속한 책은 삼척동자도 안다는 것이다. 무얼? 아무 쓸모없는 책인데 오직 돈 몇 푼 벌기 위해 출간한다는 사실을 말이다. 필자도 이런 책을 여러 권 출간한 적이 있다. 그런 책을 출간할 때의 비참함은 말로 표현할 수 없는데, 더더욱 고통스러운 경우는 그렇게 출간한 책이 팔리지 않는 경우다. 아무 이유 없이 오직 돈을 벌기 위해 출간했는데, 결국 돈도 못 벌었을 때의 자괴감은 당해보지 않은 사람은 모른다.

갑자기 왜 필자는 이런 출판론을 지껄이는 것일까? 만화 이야기를 하기 위해서다. 앞서 모든 책은 형식이 문제가 아니라 실질이 문

제라는 말씀을 드린 바 있다. 그리고 그 실질이란 바로 이 출판론에서 출발하는 것이다.

그 책이 (다)에 해당한다면 그게 만화건 소설이건 경제경영서건 자기계발서건 동화책이건 다 쓰레기다. 그러나 그 책이 (다)에 해당하지 않는다면 그 누구도 '비도덕적'이라는 낙인을 찍어 비난할 수는 없다. 내용이 자신의 주장과 맞지 않아 비판하는 것은 가능하겠지만 말이다.

그럼 (다)와 만화 사이에는 어떤 상관관계가 있기에 필자는 이토록 장황할 만큼 중언부언하고 있는 것일까? 그건 우리가 묵시적으로 동의하는 '읽지 않는 게 나은 만화'는 바로 이 (다)에 속하는 만화이기 때문이다. 그뿐인가? (다)에 속하는 책 종류가 가장 많은 것이 바로 만화라는 데에도 많은 사람이 동의하기 때문이다. 이러한 사회적 동의가 우리에게 만화 경계령을 내리고 있는 것이다.

서점에 아이들을 데리고 가서 스스로 좋은 책을 선택하도록 풀어놓으면 가장 먼저 접하게 되는 책이 '오직 팔기 위해 만들어진 만화'다. 썩 사실에 근거하지도 않은 채 갖은 흥밋거리를 동원해 만들어진 사극史劇 한 편이 텔레비전에서 방영되면 그에 관한 만화가 수도 없이 등장하여 아이들의 시선을 끈다. 그런 만화 가운데 좋은 책이 있다면 그게 기적이다. 그뿐이랴? 무슨 학습만화 하나가 판매에서 성공을 거두어 베스트셀러가 되면 그 아류가 이곳저곳에서 등장하는 게 우리 출판계의 현실이다. 그런 경우 출판사나 저자에게 독자는 안중에도 없다. 오직 독자의 지갑을 열고자 하는 의지 외에는 아무것도 없는 것이다.

그런데 이런 아류를 만들거나 빠른 시간 내에 조잡한 책을 만드는 데 가장 적합한 책이 바로 만화라는 데 더 큰 문제가 있다. 왜 그런가?

우선 만화는 내용이 부실해도 그 누구도 크게 개의치 않는다. 왜냐하면 "만화는 원래 그런 것"이라는 사회적 공감대가 형성되어 있기 때문이다. 독자 여러분도 연속극을 소재로 한 역사 만화의 내용에 대해 꼼꼼히 확인해보신 적은 없을 것이다. 따라서 그런 만화를 구성하고 그리는 데 그 분야의 전문가가 참여하는 경우는 거의 없다. 게다가 그런 만화는 사회적 관심이 식기 전에 제작·출간·판매·수금을 마쳐야 한다. 그러다 보니 시간과 비용을 투자해 오랜 세월 살아남아 독자를 찾아갈 책을 만드는 데는 소홀할 수밖에 없다. 어떻게 하면 남보다 빨리 만들어서 남보다 빨리 팔아 돈을 벌까? 이것이 출판의 목적이니 말이다.

또 하나 큰 문제는 바로 만화의 주 독자층이 아이들이라는 것이다. 독자가 성인이라면 아무리 돈을 벌 목적으로 어설프게 만드는 경우에도 출판사나 저자 모두 최소한의 노력은 기울이게 된다. 왜냐하면 책에 치명적인 오류나 실수가 보이면 독자가 반드시 지적할 것이라고 여기기 때문이다. 그렇지만 아이들 대상 책의 경우 이 정도 노력조차도 기울이지 않을 가능성이 짙다. 아이들이 책의 내용이 잘못되었다고 지적하고 바로잡아줄 것을 출판사에 요청한다? 이런 가정은 잘 하지 않으니 말이다. 그러다 보니 어린이용 도서의 경우, 책 내용을 무조건적으로 수용하기 때문에 성인용 도서에 비해 훨씬 정확하게 만들어야 한다는 명제에도 불구하고 그 반대 상황이 전개되는 것이다.

자, 그러니 어떡하겠는가? 만화가 문제가 많으니 안 읽힐 수만 있다면 좋겠는데, 아이들은 굳이 읽겠다고 나서고. 그러니 두 손 놓고 있을 수만은 없는 노릇이 아닌가. 다음에 이런 진퇴유곡進退維谷에 빠진 학부형 여러분을 위해 해결방안을 제시하고자 한다.

좋은 만화 판별법

앞서 살펴본 바와 같이 모든 만화가 나쁜 것은 아니다. 따라서 만화 형태를 띠고 있다는 이유만으로 모든 만화를 금지하는 것은 현명한 일이 아니다. 그러니 수많은 만화 가운데 좋은 만화를 고르는 일은 어린이뿐만 아니라 어른들에게도 필요한 일이다.

상상력과 비판력을 키워주는 많은 내용이 만화의 형식을 빌려 출간되고 있는 것 또한 현실이다. 따라서 이런 책은 독서의 효과를 극대화하는 데도 좋을 것이다. 최근 들어 우리나라에서도 양식을 갖춘 만화가들, 그리고 해외의 그래픽 노블 등의 영향을 받아 상당한 수준의 내용을 갖춘 만화가 등장하고 있다. 물론 아직은 학습만화를 크게 벗어나지 못하는 게 현실이다. 그러나 학습만화도 과거와 같은 단편적이고 체계적이지 않은 수준이 아니라 특정 분야에 대한 흥미와 호기심을 유발할 만큼 깊고도 넓은 지식을 종합적으로

●

01_해외에서 출간된 다양한 그래픽 노블 표지들.
일반 단행본보다 더 전문적이고 심도 있는 내용을 그림과 글로 표현하고 있다.

02_《Wooblies!》라는 그래픽 노블 도서의 본문. 여러 작가들이 함께 작업한 책인데, 내용은
세계산업노동자라는 단체의 역사와 활동으로 이루어져 있다. 만화가 사회적으로 어떤 역할
을 할 수 있는지를 보여주는 탁월한 성과물.

03_《새만화책》은 필자가 열심히 보는 우리나라 작가들의 만화 모음 도서다. 다양한 분야를
다양한 작가들이 표현하는 도서로 우리나라의 그래픽 노블 가능성을 보여주는 책이라 할 만
하다. 가장 마음에 드는 것은 수준에 비해 값이 싸다는 것!

전해준다면 그야말로 좋은 책이라 할 것이다.

　이 책에서 필자는 가능하면 책의 긍정적인 측면만을 강조하고 또 전해드리고자 했다. 따라서 좋은 책의 실명은 언급한 적이 많지만 좋지 않은 책의 실명은 단 한 권도 언급한 적이 없다. 이런 원칙은 만화 분야에서도 지키려고 한다. 따라서 어린이들에게 부정적인 영향을 끼치는 만화의 사례는 들지 않을 것이다. 그러니 독자 여러분께서 필자가 고민 끝에 지적한 여러 내용의 행간을 조심스럽게 읽으신 후 좋지 않은 만화를 걸러내시기를 바란다.

　만화를 고르는 데 거칠지만 일반적인 기준 하나만 알려드린다면, 비닐로 싸여 있는 만화는 대체적으로 그림 중심이거나 쉽게 볼 수 있는 만화다. 그래서 비닐로 싸놓는 경우가 많다. 구입할 필요 없이 서점에서 금세 보고 떠날 것을 두려워해서 비닐로 싸둔 것이니까. 따라서 이런 만화 독자는 독서로 연결시키는 데 애로가 있다는 사실을 기억할 일이다. 또 하나는 인터넷 서점에서 미리보기가 되어 있는 만화는 한마디로 '자신 있다'는 것이다. 내용이 자신 있건, 그림이 자신 있건. 또 그 정도 보여드렸다고 해서 "볼 건 다 봤어." 하고 버리지 않을 거라는 확신이 있다는 것이다. 반면에 미리보기가 마련되어 있지 않은 만화는 말 그대로 만화일 가능성이 매우 높다.

사달라는 책은 꼭 사주세요

앞서 언급한 바 있듯이 아이들을 데리고 서점에 갔는데 만화를 골라올 때는 참 난감하다. 이럴 때는 어떻게 해야 할 것인가?

사실 아이들이 책을 골라 읽고 싶으니 사달라고 할 때는 특별한 문제가 없는 한 무조건 사주어야 한다. 필자는 워낙 어렵게 자라서 책을 마음 놓고 산 기억이 없다. 게다가 옛날에는 각급 도서관도 오늘날처럼 갖추어져 있지 않았으니 읽고 싶은 책을 마음껏 읽은 기억이 별로 없다. 그래서 읽은 책을 또 읽고 또 읽어 100번이 넘도록 읽은 책도 있다. 그러다 보니 책을 사달라고 조르는 아이들의 요청을 무시하는 학부형들을 보는 것은 참으로 마음이 아프다.

"야, 집에 있는 책도 안 읽으면서 무슨 책을 또 사달라는 거야? 집에 있는 것부터 읽어!"

"책은 나중에 사고 저기 가서 밥부터 먹자."

"그 책 말고 이 책 사자."

"나중에 사줄게."

위의 답변이 책을 사달라고 조르는 아이들에게 학부형들이 하는 대표적인 것들이다. 그런데 이런 답변을 하는 부모님들은 아마 본인들이 독서를 썩 즐기지 않는 분들일 것이다.

독서를 즐기는 분들은 다음과 같을 것이다.

첫째, 집에 있는 책을 다 읽고 난 후에 다른 책을 사는 사람은 세상에 거의 없다는 사실을 알 것이다. 아인슈타인도, 스티븐 호킹도, 아니 세계적인 책벌레도 자기 집에 있는 책을 다 읽은 다음에 책을 사지는 않는다. 필자도 마찬가지고 옆집 개똥이네도 마찬가지다. 그렇다면 언제 책을 사는 것인가? 다 읽어서 더 이상 읽을 게 없을 때 사는 게 아니라 읽고 싶은 책이 있을 때 사는 것이다. 읽고 싶은 책이 있으면 사야 하는 것이고, 집에 와서 그 책이 갑자기 읽기 싫어지면 그냥 꽂아두면 된다. 그리고 그렇게 잊혀진 책은 언젠가 다시 누군가의 손에 의해 부활하기 마련이다.

둘째, 밥 먹고 책을 읽는 게 아니라, 책을 읽다가 밥을 먹고 책을 읽으면서 밥을 먹는다는 사실을 알 것이다. 책 한 권에 1만 원이고 자장면 한 그릇에 4천 원이라는 사실은 사실 필자를 슬프게 한다. 게다가 다국적기업들이 아프리카나 중남미 농부와 그 자식들의 노동력을 착취해 수확한 원료로 5천 원 남짓에 커피 한 잔을 버젓이 팔고 있는 현실을 접하면 슬픈 정도를 넘어서 참담하기까지 하다. 법정 스님의 불후의 명작 《무소유》한 권과 다국적기업 장사치의 커피 한 잔 값이 같다? 이 천박하기 그지없는 것이 현실이라면 도대체 짐승들이 모여 사는 동물원과 무엇이 다른가? 필자 생각은 그렇다. 그러니 참 과격한 인간이라는 것 정도는 필자도 안다. 그렇지만 심정은 그렇다 이 말이다.

셋째, 분명히 좋지 않은 책, 그러니까 앞서 살펴본 쓰레기에 버금가는 것들을 제외하고 나면 도서 목록에서 지워야 할 책은 없다는 사실을 알 것이다. 게다가 독서는 재미라는 사실 또한 분명하지 않은가. 그러니 아이가 고른 책이 먼저요, 부모님이 읽히고 싶은 책은 다음이라는 사실은 너무나 분명하다.

넷째, 호기심의 싹은 절대 잘라서는 안 되며, 호기심이라는 것은 시간을 맞추어서 작동하는 것이 아니라는 사실을 알 것이다. 그러니 지금 책 한 권 읽고 싶다는데, 나중에 읽어라? 이건 아이에게 책이란 존재를 산소와 같은 존재가 아니라 가방 같은 상품으로 각인시키는 행동이다. '아하, 책도 다른 물건과 마찬가지로 돈을 아끼기 위해 안 사는 것이 좋은 것이구나. 그러니까 꼭 읽고 싶은 책만 아끼고 또 아껴서 사야 하는구나.' 하고 인식시킨다는 말이다.

아마 위에 지적한 답변을 남발하는 부모님일수록 학습지·학원·참고서에는 돈을 안 아낄 것이다. 그리고 훗날 이렇게 아이에게 되물을 것이다.

"내가 너를 위해 얼마나 많은 희생을 한 줄 아니? 네가 해달라는 것 다 해주고 필요한 참고서 다 사주고 가고 싶다는 학원 다 보내줬는데 고작 이 학교를 가는 거야?"

그러니 책을 원하는 아이의 청은 가능하면 거절하지 않아야 한다는 게 필자의 생각이다. 그렇기 때문에 서점에서 좋지 않은 만화책을 손에 넣고자 하는 아이를 설득할 때도 매우 조심스럽게 해야 한다. 도대체 어떻게?

서점에서 만화만 고르는 아이들을 설득하는 방법

이 문제로 수많은 학부모님들께서 고민하신다는 사실을 잘 알기에 오랜 시간 화두처럼 해결책을 찾기 위해 부단히 고민했다. 그리고 다음과 같은 방책을 생각해냈다. 그리고 그 결과에 대해 많은 학부형들께서 효과적이라고 확인시켜주셨다. 그러니 다음 방안 가운데 좋다고 판단되는 것을 선택해 활용해보시도록 제안한다.

우선, 좋지 않은 만화라고 판단되거나 살 필요가 없다고 여겨지는 경우에는 절대 사주지 마시라는 것이다. 물론 무조건 "안 돼!" 하는 것은 금물이다.

"철수야, 이 책은 이곳에서 보고 가거나 도서관에서 보자. 그리고 다른 책을 고르면 네가 원하는 책을 다 사줄게. 몇 권이라도 고르렴."

물론 아이가 읽고 싶어 하는 만화책은 도서관에 가도 읽기 힘들다. 아주 많은 아이들이 기다리고 있을 테니까. 그러다 보면 그 책에 대한 관심이 시들해질 수도 있다. 그러나 호기심이 강한 아이들이라면 한 번 읽겠다고 결심한 책에 대한 관심이 시들해지는 경우는 별로 없다. 그럼 어떻게 될까? 아이들은 어떤 방식으로라도 그 책을 읽게 된다. 아이들의 관심을 끄는 만화책이란 게 대부분 정해져 있어서 자기는 없어도 주위 친구들은 상당수 가지고 있기 때문이다. 그런데 그 만화책이란 것이 읽는 데 몇 시간이나 걸리겠는가? 그래서 서점에 가면 이런 만화를 쭈그리고 앉아 읽는 아이들을 심심찮게 볼 수 있다. 그래서 사주지 않아도 아무 문제가 없다.

또 하나! 전체를 읽는 데 한 시간도 채 안 걸리는 책을 사주면 자칫 좋지 않은 결과를 초래하기도 한다. 읽는 데 너무 짧기 때문에 쉽게 읽을 수 있고, 따라서 그 아이는 책의 내용 때문이 아니라 그림을 보기 위해 읽고 또 읽게 된다. 내용을 봐도 마찬가지다. 나중에는 책이란 것이 내용은 별로 없고 그림이 화려한 것, 즉 텔레비전 만화영화와 비슷한 것으로 여기기 쉽다. 그리고 이런 편견은 결국 독서를 텔레비전 시청과 흡사한 것으로 여기게 되고, 이는 본격적인 독서로 나아가는 데 장애물로 작용하기 쉽다. 그래서 이런 책은 가능하면 임시적인 방식, 즉 친구 집·서점·도서관에서 읽도록 하는 게 낫다. 그리고 이보다 훨씬 효과적인 방식도 있다.

"철수야, 그 책은 도서관에서 보기로 하고 다른 책을 사자. 그럼 아빠가 그 책 가격만큼 맛있는 것 사줄게."

어른들이 책보다 외국 브랜드 커피 한 잔에 목숨 걸듯이 아이들도 먹는 것의 유혹을 뿌리치기는 힘들 것이다. 그렇지만 이 유혹에는 대가가 있으니 다른 책이 부록으로 가는 것이다. 그러니 일석이조 아닌가? 좋지 않은 만화 안 보고 좋은 책이 덤으로 가며 어차피 외식은 필수 코스 아니던가?

4부

우리 아이는
책을 싫어하는데요

우리는 아이들을 책 읽는 친구들로 만들 의무가 있다. 아이들의 미래를 위해서, 그리고 천박한 수준으로 급격히 추락하고 있는 우리 사회를 아이들 스스로 건강하게 복구하며 살아갈 수 있게 하기 위해서라도 말이다. 그리고 결정적으로는 아이를 어른들의 지시에 따라 움직이는 로봇이 아니라 스스로 자신의 삶을 개척해나가는 독립적인 존재로 자라나게 하기 위해서이다.

그런데 만화가 되었건 양서가 되었건 종이에 인쇄된 것이라면 무조건 거부하는 아이들도 있다. 텔레비전·컴퓨터 등 전자기기를 통해서 나오는 것이 아니면 어느 것에도 접근하지 않으려는 아이들이 무척 많은 게 오늘날 대한민국의 현실이다. 그리고 이러한 현상은 날이 갈수록 심화될 것이다. 위정자들 가운데 지적인 사람이 부족한 것이 어제 오늘의 일이 아니지만, 최근 들어서는 그 도가 지나쳐 책 같은 고리타분한 매체에는 나라 정책을 결정하는 그 누구도 관심을 기울이지 않는다. 대신 종합편성 채널이라는 어려운 명칭을 가진 새로운 텔레비전 방송국을 여러 개 허가해주었다. 그리고 그들이 대한민국 청소년 및 사회 전체의 지적 수준 제고를 위해 노력하지 않을 거라는 사실 정도는 삼척동자도 다 안다. 대신 무수한 연속극과 아무짝에도 쓸모없을 연예인들의 신변잡기를 다루거나 선정적이고 폭력적인 프로그램이 난무할 것이라는 것 또한 누구라도 예상할 수 있다.

"그런데도 꼭 책을 보아야 하나요?"

맞다. 이토록 정치인들이 시민들에게서 책을 빼앗아가는 대신 갖은 종류의 오락을 제공하려고 하는데도 그에 반기를 들면서 꼭 책을 읽고 아이들에게도 정부에서 장려하는 컴퓨터 게임(필자의 말이 믿기지 않으신 분은 문화체육관광부 홈페이지에 들어가보시라. 대한민국 게임 산업 육성을 위해 얼마나 많은 공무원들이 노심초사하고 계신지) 대신 책을 권해야 할까? 답을 말하기 전에 얼마 전 있었던 필자의 경험담을 실명으로 기록한다.

책도 많이 읽고 공부도 잘하는 아이들

2011년 1월 17일 월요일. 무척 추운 날이었다. 그런데 경기도 부천시 일신중학교(학교 이름을 밝히지 않으면 거짓말이라고 여길 분들이 혹시라도 계실 것 같아 학교명을 밝힌다. 학교에 누가 될지도 모르고 선생님 및 선생님을 따라온 친구들이 원치 않을지도 모르겠지만 너그러이 이해해주시길) 독서 동아리 친구들 10명이 선생님과 학부형 한 분과 함께 필자를 찾아왔다. 사실 일신중학교와 필자의 인연은 한 달 전으로 돌아가, 필자가 학교에 가서 독서 관련 강연을 한 것으로 맺어진 바 있었다. 그런데 그때 참석했던 친구들이 고맙게도 잊지 않고 회사까지 찾아온 것이다. 그것도 방학 기간에.

사실 여기서 이야기하려고 하는 것은 그런 사적인 이야기가 아니다. 독자, 그리고 학부형님들께 생생한 사실을 들려드림으로써 대한민국 청소년들 모두가 야간자율학습과 학원, 학습지로부터 해방되기를, 그럼으로써 젊은 시절을 행복이 가득한 시간으로 채우기를 진심으로 바라기 때문이다.

열 명의 친구들이 필자를 찾아와 이런 저런 이야기를 나누는 가운데 다시 한 번 확인한 바가 있으니, 책을 읽는 친구들은 공부를 무척 잘한다는 사실이다. 게다가 더욱 놀라운 일은 그 친구들 가운데 학습지를 하고 학원을 다니는 아이가 몇 안 된다는 사실이었다.

결국 앞서 여러 번 확인한 바 있듯이 책을 많이 읽는 아이들은 여지없이 공부를 잘하는 것이었다. 그러니 어찌 우리 아이들에게 독서를 권하지 않을 수 있는가 말이다. 아무리 게임 산업을 육성해 우리 아이들을 구렁텅이로 빠뜨리려고 하는 집단이 있어도, 아무리 텔레비전에 출연하는 연예인들의 성형된 얼굴로 우리 아이들을 현혹시키려는 집단이 있어도 우리는 아이들을 책 읽는 친구들로 만들 의무가 있다. 아이들의 미래를 위해서, 그리고 천박한 수준으로 급격히 추락하고 있는 우리 사회를 아이들 스스로 건강하게 복구하며 살아갈 수 있게 하기 위해서라도 말이다. 그리고 결정적으로는 아이를 어른들의 지시에 따라 움직이는 로봇이 아니라 스스로 자신의 삶을 개척해나가는 독립적인 존재로 자라나게 하기 위해서이다.

부천 일신 중학교 친구들과 선생님, 학부형님과 필자가 함께 찍은 사진이다. 이 친구들, 너무 예뻐서 지금도 기억에 생생하다.

단계별 함께읽기

지금까지 왜 우리 아이들에게 어떤 난관과 편견도 극복하고 독서를 권해야 하는지, 아니 수동적 학습의 질곡으로부터 아이들을 구해내 능동적인 지성인으로 키워야 하는지 알아보았다. 그런데 앞서 살펴본 바와 같이 종이에 인쇄된 매체라면 무조건적으로 거부하는 아이들 또한 있다.

그럼 이 친구들을 어떻게 책의 동무로 삼을 것인가? 다음에는 책에 대한 선천적 거부감을 가진 친구들을 책의 벗으로 만드는 방법에 대해 살펴보자. 이 또한 필자의 오랜 기간에 걸친 연구와 실천의 산물이다.

독서 관련 강연을 할 때 가장 많이 나오는 질문이 "우리 아이는 책을 좋아하지 않는데 어떡하죠?" 하는 것이다. 맞다. 아무리 아이들이 지적 호기심을 본능적으로 타고나기 때문에, 무언가를 알게 되는 독서에 대해 즐거움을 느끼는 존재라 하더라도 모든 아이가 똑같지는 않다. 똑같다면 그게 인간인가? 로봇이지.

그렇다면 책을 가까이하지 않는 아이에게는 어떻게 할 것인가? 이 아이는 본래 책을 가까이하지 않는 존재니까 그냥 두어야 하나?

그럴 때 가장 좋은 방법이 '함께읽기'다. 누구와? 바로 부모님이다. 물론 이때의 부모님은 대부분 어머니가 되겠지만. 우리나라에서 아버지들은 대부분 돈과 관련된 책 또는 부동산, 직장 내 자기계발과 관련된 책을 읽기 때문에 아이들과 함께 책을 읽기란 지난至難한 일이 된다. 그래서 이 함께읽기 프로그램은 어머니들이 맡는 것이 대부분이다.

함께읽기란 그럼 어떻게 해야 할까? 무조건 어떤 책을 골라 함께 읽는 것이 함께읽기는 아니다. 함께읽기에도 방법이 있다. 다음에 함께읽기 방법을 정리해놓았으니 이 방법을 사용해보시는 것이 어떠실지.

1단계 : 그림책 중심   유아의 경우가 이 단계에 해당된다. 아직 글자도 모르는 아이들을 대상으로 책을 본능적으로 선택하도록 만드는 좋은 방식인데, 선진국에서는 아예 처음 접하는 장난감 목록에 책을 넣는 경우가 많다. 그래서 책이 종이로 만들어진 것뿐 아니라 몸에 해롭지 않은 다양한 재질로 만들어진다.

이 단계에서 사용되는 책은 글이 아주 적은 대신 그림의 비중이 내용의 대부분을 차지한다. 그렇지만 애니메이션이 아닌 한 그림과 그림 사이에 내용의 비약이 존재할 수밖에 없기 때문에 상상력을 자극하는 것은 텍스트 중심 책과 별반 다르지 않다. 그런데 이 단계를 마치 유아 외에는 사용해서는 안 되는 것으로 인식하는 분들이 계시다는 것이 문제다.

"우리 아이는 초등학교 3학년인데 어찌 이런 책을 읽힌단(아니 보여준단) 말이에요?"

앞에서 말씀드렸듯이 책에는 나이나 학년이 없다. 책에는 오직 경험만 있을 뿐이다. 그러니까 초등학교 3학년이 아니라 중학교 3학년이라 하더라도 독서의 경험이 전무하다면 이런 책부터 시작하는 것이 아주 효과적이다. 특히 책이 좋은 점은 바로 이럴 때이다. 초등학교 3학년인데도 수학 실력이 1학년 수준인 아이에게 1학년 교과서를 펼치고 가르치려 하면 "저는 3학년인데 쪽팔리게 1학년 책을 어떻게 공부해요?" 하면서 창피하다고 여길 아이들도 책에 대해서는 그런 편견을 갖지 않는다. 그 책이 재미있다면 아무 거리낌 없이 받아들이게 된다. 이 점 또한 책이 갖는 탁월한 장점이다. 그러니까 책을 접한 적이 없는 초등학교 3학년이라면 유아용 그림책 가운데 좀 더 이야기 중심적인 책을 선택해 함께 읽으면 된다.

그리고 함께읽기 가운데 가장 중요한 단계가 바로 1단계다. 1단계에서 부모님(또는 선생님)과 함께읽기를 제대로, 그리고 깊이 있게 경험한 아이라면 다음 2단계에서는 다른 사람과 함께읽기를 하지 않아도 스스로 읽게 된다. 그래서 특히 1단계가 중요하다.

2단계 : 텍스트 + 그림　　2단계에 접어들면, 그림이 대부분을 차지하는 책은 이제 한쪽으로 제쳐둘 정도는 된 셈이다. 그렇다고 모두가 책을 스스로 선택하고 스스로 즐거움을 찾을 정도가 되었다고 볼 수는 없다. 그렇다면 함께읽기는 필요 없을 테니까.

그렇다면 함께읽기 2단계를 거쳐야 하는 친구들은 누굴까? 우선 유아 독서를 벗어난 아이들이다. 나이로 치면 예닐곱 살, 조금 더 확대하면 초등학교 1, 2학년 정도까지를 포함한다. 이 아이들이 1단계를 거쳤다면 책을 친구로 삼는 방법은 터득했겠지만, 아직 혼자 독서를 할 정도는 안 되었기 때문에 2단계 함께 읽기를 해야 하는 것이다. 물론 2단계에서는 그림 중심의 책이 아니라 텍스트가 절반 이상을 차지하는 책을 선정해야 한다. 그리고 부모님과 함께 앉아서 책을 읽는 방식도 지양되어야 한다. 그런 방식은 1단계에서 사용하는 것이다. 2단계에서는 머리말 정도만 함께 읽어야 한다.

"아하, 이 책은 왜 햄버거를 많이 먹으면 배가 뚱뚱해지고 살이 마구 찌는지를 알려주는 책이구나. 우리 경수 이 책 읽으면 살이 빠져서 멋진 친구가 되겠는걸!"

이 정도 대화를 나눌 수 있게 되면 성공이다. 그럼 1단계를 제대로 거친 친구라면 머리말을 엄마와 함께 읽고 나서 곧장 책 속으로 빠져들 것이다. 물론 부모님의 독서도 이 선에서 멈추면 안 된다. 아이가 읽는 동안 부모님도 다 읽어야 한다. 물론 각자. 그런 다음에 책과 관련된 내용을 화제로 대화를 나누는 것이 중요하다.

"야, 콜라 안에 설탕이 그렇게 많이 들어 있었다니! 이빨이 왜 썩는지 했더니 콜라나 사이다 때문이었구나."

"근데 엄마는 콜라 안 마셨어?"

"응, 엄마 클 때는 콜라보다 우유가 더 많았지. 그래서 콜라 먹을 시간이 별로 없었어."

"난 흰 우유보다 바나나맛 우유가 더 좋던데."

"엄마도 그래. 그렇지만 바나나맛 우유만 마시면 또 이빨이 썩을 테니까 흰 우유랑 바나나맛 우유랑 섞어 마시자, 응?"

"그래, 엄마. 근데 이 책에 나오는 아이들은 정말 햄버거를 많이 먹어서 살이 찐 거야?"

"그럼, 햄버거에는 살찌는 여러 가지 음식이 들어 있다잖아. 우리 함께 찾아볼까?"

이 정도 대화를 나눌 정도가 되면 그 아이는 미래의 책벌레로 손색이 없다. 물론 대화를 나눌 때 조심해야 할 것이 있다. 그건 다름 아닌 내용을 테스트하거나 외울 것을 강요하는 것 따위다. 자나 깨나 조심해야 할 점이 바로 독서를 학습·의무란 단어와 연계시키지 말아야 한다는 것이다. 이 두 단어와 연결되는 순간 아이들은 책을 피해 저만치 도망간다는 점도 가슴에 새기시길.

아, 하나 더 기억하실 것이 있다. 초등학교 고학년 이상이 되면 아무리 독서 경험이 적다 하더라도 1단계처럼 유아용 그림책으로 시작하는 것은 곤란하다. 따라서 초등학교 고학년 아이가 미처 독서 경험을 쌓지 못하고 책을 친구로 삼지 못했다면 2단계에서 시작할 것을 권한다. 2단계, 즉 텍스트 + 그림으로 이루어진 책 가운데 재미있고 좋은 책이 여간 많은 것이 아니니 말이다.

3단계 : 본격적인 책 읽기　　이 단계에 들어서면 부모님과 아이가 함께 책을 읽는 것은 의미가 없다. 그렇다면 '함께읽기'에서 빠져야 되는 것 아닌가? 그렇기도 하지만 그렇지 않기도 하다. 여기서 말하는 '함께읽기'는 앞의 두 단계와는 다른 개념이다. 즉, 같은 내용을 함께 앉아서 읽는 것이 아니라 같은 책을 함께 읽은 후에 그 책에 대해 다양한 내용을 토의하고 의견을 개진하는 것이다. 즉, 함께 읽은 후에 그 책에 대해 토의하는 '토론하는 독서'를 가리키는 것이다. 이때는 독후감이 활용될 수도 있고, 집단 토론이 활용될 수도 있다. 물론 가족 외에 다른 사람들이 참여할 수도 있다. 이 정도 되면 이제 독서는 부모의 손을 떠나 아이의 손으로 넘어간 것이다. 따라서 3단계는 독서교육의 완성 단계다.

함께읽기에도 방식이 있다

그런데 위에서 살펴본 함께 읽기만으로는 뭔가 부족하다는 느낌을 지울 수 없다. 사람, 아니 아이들은 모두 다르기 때문이다. 어떤 아이는 부모님이 함께 읽지 않아도 스스로 책을 찾아 읽는가 하면 어떤 아이는 아무리 함께 읽으려고 부모가 노력해도 주위가 산만하고 책을 좋아하지 않아서 거부할 수도 있기 때문이다. 그리고 그런 것은 절대 아이 잘못이 아니다. 이건 문과적文科的 인간과 이과적理科的 인간이 태어날 때부터 상당 부분 정해지는 것과 마찬가지로 선천적인 것이기 때문이다. 그래서 이과적인 아이들은 문과적인 아이들에 비해 책 읽기를 싫어한다. 그럼에도 책은 읽는 게 좋다. 그렇다면 어떻게 할 것인가? 읽도록 해야 한다. 그것도 이과적으로.

필자는 이런 아이들을 어떻게 하면 이과적으로 책을 읽도록 할 것인지 오랜 시간 고민했다. 왜냐하면 문과적인 아이들이건 이과적인 아이들이건 훌륭한 성과를 거두기 위해서는 독서량이 필수적이라는 사실을 깨달았기 때문이다. 그래서 다음과 같은 방식을 생각해내기에 이르렀다. 그리고 그 방식이 분명 효과가 있다는 사실을 확인했다.

녹음기 이용하기　　책보다는 기계, 글보다는 영상을 좋아하는 아이가 분명 있다. 그렇다고 그 아이들에게 컴퓨터를 안겨주어서 글을 깨치기 전부터 게임에 몰두하게 할 수는 없지 않은가. 그래서 기계와 독서의 결합을 고민했고, 그 결과 녹음기를 이용하는 방식을 생각해냈다.

　우선 엄마가 책을 녹음기(혹은 mp3플레이어)에 녹음해서 아이에게 전해주는 것이다. 여러분이 아이라고 생각해보자. 곁에서 엄마가 읽기 싫은 책을 들고 와서 "자, 경철아. 엄마가 책 읽어줄게." 하면 늘 즐거울 것인가? 아니다. 즐거울 수도 있지만 아닐 수도 있다. 그런데 어느 날 엄마가 녹음기의 play 버튼을 누르더니 사라진다. 그래서 잘됐다, 하고 컴퓨터에 몰두하려고 하는데 갑자기 어디선가 "옛날에 흥부와 놀부가 살았어요. 흥부는 착했지만 약간 부족했고, 놀부는 똑똑했지만 욕심꾸러기였어요…." 하는 엄마 목소리가 들리기 시작하는 것 아닌가! 이때 엄마 목소리가 나오는 것에 귀를 기울이지 않고 계속 자기 하던 일을 하는 아이는 아인슈타인 정도의 집중력을 가진 것이 아니라면 주워온 아이임이 분명하다.

　처음에는 엄마가 읽어준 녹음기 속 이야기만 듣던 아이가 시간이

가면 스스로 녹음해서 엄마에게 들려주고 싶어 하게 된다. 물론 엄마가 이런 말을 건네면 훨씬 효과적이다. "이젠 경철이가 엄마한테 책 읽어주면 어떨까? 그럼 엄마가 맛있는 떡볶이 만들면서 들을 수 있을 텐데…" 이런 말 듣고도 녹음 안 해주는, 아니 책 안 읽는 아이가 있다면 이비인후과 데리고 가서 귀 진찰 한 번 받아보는 게 좋을 것이다.

녹화해서 보고 듣기　　사실 요즘에는 녹음기보다 더 좋은 첨단 기기가 무척 많다. 캠코더도 그중 하나다. 어떤 면에서 캠코더가 녹음기보다 더 큰 효과를 거둘 수도 있다. 그러나 모든 집안에 캠코더가 있는 것도 아니고, 또 캠코더를 자유자재로 다룰 수 있는 것도 아니기에 첫 자리에 녹음기를 놓았을 뿐이다. 만일 캠코더를 사용한다면 부모와 자식 간에 주고받은 독서 대화가 고스란히 전해질 테니 특별히 기념사진 찍지 않아도 훗날 좋은 가족의 자료가 되지 않겠는가.

아이만의 도서관을 만들어주기

　책을 싫어하는 아이가 책을 가까이 하는 방법은 앞서 말씀드렸다. 이번에는 한 권이라도 책에 흥미를 느끼게 된 아이를 지속적으로 책의 바다에서 헤엄치게 만드는 방법에 대해 살펴보자. 헤엄을 능숙하게 칠 줄 모르면 금세 헤엄에 싫증을 낼 수 있다. 그러니 물에 뛰어든 김에 헤엄을 좋아하게 만들어야 한다.

그 첫 번째 방법은 바로 아이만의 도서관을 갖추어주는 일이다. 도서관? 아니, 그런 엄청난 것을 어찌 집에? 하는 의문을 품지는 마시기 바란다. 도서관이란 것이 뭐 그리 대단한 것이 아니다. 책을 보기 좋게 책꽂이에 분야별로 가지런히 꽂아놓은 곳이 도서관이다. 그런데 위의 표현에는 중요한 두 가지 개념이 포함되어 있다.

분야별 도서관 만들기　　첫째, 분야별 분류 방식이다. 그런데 분야별로 꽂아놓으려면 다양한 분야의 책이 있어야 한다. 한 가지 분야만 있으면 그건 전문 도서관은 될지언정 일반 도서관은 될 수 없다. 전문 도서관은 전문가에게나 필요한 것이니 당연히 아이들을 위해서는 일반 도서관을 마련해주어야 한다. 그러기 위해서는 다양한 분야의 다양한 책들이 있어야 한다.

그런데 책은 아이들 스스로 선택해야 한다고 앞서 누누이 말씀드렸다. 그러니 도서관을 만들기 위해 아이들 대신 부모님이 다양한 분야의 다양한 책을 구입해 꽂는 것은 결코 바람직하지 않다. 당연히 아이들 스스로 다양한 책을 구해 도서관을 만들도록 해야 하는데 이 방식은 놀라운 부대 효과를 안겨주기도 한다. 바로 독서 편식 개선의 효과다.

필자가 강연 때마다 받는 단골 질문 가운데 하나가 "우리 아이는 역사 관련 책만 읽는데 괜찮을까요?" "우리 아이는 판타지 소설만 고집해요." 같은 아이의 편중된 독서 경향에 대한 것이다. 물론 괜찮다. 어른도 자기가 좋아하는 분야가 있는데 하물며 이제 막 세상에 대한 호기심을 키워가는 아이들이 어찌 모든 분야의 지적 편력을 즐기겠는가. 그걸 어린이들에게 바라는 것은 과욕이란 말이다. 그러나 독서의 편식은 초기, 그러니까 독서광이 되기 전에 끝내는 것이 좋다. 독서를 본격적으로 즐기게 되면 독서의 편식은 썩 바람직한 것이 아니다. 왜냐하면 아이들은 어른과 달라서 아이를 둘러싼 모든 분야에 대해 호기심을 키우는 것이 필요하기 때문이다.

어른들이야 모든 분야가 어떤 내용으로 구성되어 있고 그것이 나에게 어떤 의미가 있는지를 이미 알고 있다. 따라서 모든 분야를 두루 섭렵할 필요는 없다. 자기가 좋아하는 독서만 하거나 모든 분야를 골고루 섭렵하거나 개의치 않아도 된다는 말이다.

그러나 아이들은 다르다. 고등학생, 어쩌면 대학생이 되어서도 자신이 어떤 분야에 진정으로 관심이 있고 또 적성에 맞는지 잘 모를 수도 있다. 따라서 초기부터 일방적으로 한 분야에 대해서만 관심을 갖는 것은 나쁜 방식은 아니지만 권장할 만한 방식 또한 아니다.

이러한 이유 때문에 독서 편식은 가능하면 일찌감치 해소하는 게 좋다. 그러나 이 또한 쉽지 않다. 게다가 역사 분야 책을 좋아하는 아이에게 갑자기 과학책을 읽으라고 강요하는 것은 금물이다. 따라서 편중된 독서 습관을 고치기 위해서도 신중하고 세심한 접근이 필요한 것이다.

이때 바람직한 방식이 바로 도서관 만들기이다. 한 아이가 자신만의 도서관을 만들어간다면 처음에는 자기가 즐겨 읽는 분야의 책만이 쌓이는 반면 다른 분야 책꽂이는 텅 비어 있을 것이다. 물론 처음에는 그런 것에 개의치 않을지도 모른다. 그러나 시간이 지나면서 결국 자기가 한 분야 책만 읽어왔다는 사실을 깨닫고 의도적으로라도 다른 분야의 책을 골라 꽂고자 하는 마음을 갖게 된다. 이렇게 해서 자신만의 도서관 만들기 작업이 성과를 거두게 되는 것이다.

앞서 말씀드린 바 있듯이 독서 초기 단계에서 아이들은 당연히 편중된 독서를 하기 마련이다. 그러나 전혀 걱정할 일이 아니다. 물론 그렇지 않으면 더욱 좋겠지만 그래도 아무런 문제가 없다는 말이다. 독서라는 행위 자체가 배를 운항하는 것과 같아서 그 자리에 머무르지 않는 한 결코 좌초하지 않는다. 좌초하지 않는다는 말은 곧 한쪽으로 기울 듯하면 조타수가 알아서 다른 쪽으로 키를 돌려 제자리를 잡도록 만든다는 의미다. 그래서 처음에는 편중된 독서에 골몰하다가 결국에는 책이 주는 지성의 힘, 창의의 힘, 비판적 균형 잡기의 힘에 의해 다양한 분야로 나아가기 마련이다. 그러니 절대 고민하지 마실 일이다.

솔직히 말씀드리자면 필자는 이런 질문을 받을 때마다 화가 난다. 우리 아이는 편식이건 폭식이건 도대체 책을 안 읽는데, 많이 읽는 게 뭐가 문제가 된단 말인가!

아, 물론 좋지 않은 책, 이를테면 판타지라는 포장지를 쓴 채 인터넷에 연재되기도 하고 서점에 나오기도 하는 책 가운데는 판타

지이기는커녕 조잡한 만화만도 못한 글이 많다. 이건 문자로 표현되었을 뿐 게임만도 못한 것이 많은데, 이런 것도 책이라고 늘상 컴퓨터에 앉아 읽는 것은 독서가 아니다. 그러니 이건 독서의 편식이 아니라 컴퓨터 편식이라고 할 텐데, 여하튼 이런 종류의 무협지도 아니고 픽션도 아닌 글은 한 권도 읽지 않는 편이 낫다.

보기 좋게 정리하기　　둘째, 보기 좋게 꽂아놓아야 한다. 그런데 이 '보기 좋게'라는 말을 오해하지 말아야 한다. 일반적으로 '보기 좋게'라는 말은 '겉모습이 좋게'라는 말과 동의어처럼 쓰인다. 실용적인 것, 실질적인 것보다는 그저 보고 마는, 눈이 즐겁게라는 말인 셈이다. 그러나 책은 눈으로 보고 읽는 게 전부다. 따라서 책을 보기 좋게 꽂아놓아야 한다는 말은 실질적이고 실용적으로 정리해야 한다는 말과 동의어다.

　책을 눈에 즐겁게 전시해놓는다거나 그 책을 읽는 아이들의 의도와는 무관하게 어른의 욕구에 따라 정리하는 것은 바람직하지 않다. 만일 아이들이 자신의 방을 어느 유명작가의 서재처럼 온갖 책으로 사방을 둘러싸고 싶다면 그렇게 해야 한다. 그게 결벽증 부모의 마음에는 들지 않을지 모르지만 그건 그쪽 사정이다. 아이는 그렇게 해놓아야 책을 더 편히 볼 수 있을지 모르니까 말이다.

　물론 책은 안 읽고 온갖 너저분한 물건들로 방을 어지럽히는 필자의 둘째딸 같은 경우에는 그 습관을 수용하기가 힘들다. 도대체 저런 행동으로 무슨 일을 해낼 수 있을까 의심이 가기도 한다. 그러나 어른이 선호하는 청결 상태와 아이들이 바라보는 청결 상태는 전혀 다르다. 따라서 아이들을 결벽증의 노예가 되지 않도록 하려면 어른의 욕망을 절제해야 한다. 다만 앞서 살펴본 바와 같이 도서관의 체계를 갖추면서 독서를 용이하게 하는 내재율을 갖추어야 할 것이다. 무턱대고 어지럽히는 것이 아니라 스스로의 질서 속에서 방을 꾸미는 것이야말로 보기 좋게 정리하는 것이다.

반면에 책을 아무런 질서도 없이 마구 쌓아놓아, 보고 싶을 때 볼 수 없다면 그건 도서관이 아니라 창고다. 그래서 책을 언제나 보고 싶을 때, 또 필요할 때 빼서 볼 수 있도록 해야 하는 것이다.

분류표 붙이기 세 번째 할 일은 책에 분류표를 붙이는 것이다. 도서관에 소장되어 있는 모든 자료에는 반드시 분류표가 붙어 있다. 십진분류기호에 의거, 각 책의 주민등록번호를 부여하는 것과 마찬가지로 말이다. 그런데 집에서 이런 전문적인 분류표는 아무런 의미가 없다. 무슨 의미인지도 모르는 십진분류기호라니! 이건 아이들에게 다시 책을 연구의 대상으로 만드는 일이다. 그렇다면 어떤 분류표를?

당연히 아이들에게 책에 대한 관심을 제고시키고 흥미를 유발시키며 지속적으로 그 책에 관심을 갖게 만드는 분류표를 만들어 붙여야 한다. 예를 들어 이런 방식을 할 수도 있다.

● 파브르 곤충기 – 박성욱 – 과학 – 001

이런 식으로 모든 책이 아이의 서가에 꽂힐 때마다 자기 이름이 새겨진 분류표가 붙여지면 자연스럽게 더 많은 책을 구하려 하고 급기야 자기 이름이 붙은 책들에는 한 번이라도 눈길을 보내거나 꺼내 읽게 된다. 그것이 호기심을 가진 인간의 본성이다.

그리고 이렇게 분류표 부착 작업을 스스로 하다 보면 언젠가는 자신만의 도서관에 어떤 분야의 책은 많은데 비해 다른 분야의 책은 적다는 사실을 깨닫게 된다. 그런 과정을 거쳐 세상의 모든 분야에 관심을 갖게 될 수도 있다.

장서표 만들고 찍기　　장서표란 "이것이 제 책입니다." 하는 표시로 붙이는 자신만의 고유 문양을 가리킨다. 우리나라에서 장서표는 대부분 도장(장서인藏書印)을 이용하거나 또는 자신이 직접 쓰는 경우가 많은데, 아이 스스로 자신을 나타내는 상징이나 그림·글씨·문구 따위를 새겨 자기 책에 표시하는 것은 아이에게 커다란 자부심과 아울러 책에 대한 관심을 불러일으킨다. 그런 까닭에 필자는 아이들 스스로 장서표를 만들고 스스로 자기가 구한 책에 그 표를 붙이거나 찍을 것을 적극적으로 권한다. 형식이 내용을 결정하는 경우가 의외로 많다. 장서표도 그 가운데 하나다. 이런 형식적인 활동이 실질적인 독서 활동에 큰 영향을 끼친다는 것이다.

유명인들의 장서표. 장서표는 아이들이 책에 대한 자부심과 관심을 갖게 할 수 있는 효과적인 도구
이다.

참고로 앞쪽에 다른 사람들의 장서표를 수록해놓았다. 이를 참고해 자신만의 장서표를 만드는 작업을 해보는 것은 어떨까? 분명 독서의 출발이 될 테니 말이다.

지금까지 얘기한 네 가지만 갖추면 우리 아이를 위한 도서관은 완성된 것이다. 책을 필요로 할 때 필요한 책을 꺼내 볼 수 있는 책꽂이, 그게 바로 도서관이다.

그런데 도서관을 만들어주기 위한 대전제는 아직 빠졌다. 그건 바로 책이 많아야 한다는 것이다. 당연한 것 아닌가. 그러니 형식으로부터 출발한 우리의 첫걸음이 반드시 내용으로 확대되기를 기대한다.

5부
—

한 권의 교과서보다
100권의 책이
더 좋은 성적을
만든다
—

100권의 책을 통해 한 지식이 형성되기까지 필요한 배경으로부터 역사·
전개 과정·결과에 이르는 내용을 능동적으로 습득한 아이와, 지식 가운데
꼭 필요한 부분만을 통조림처럼 박제화剝製化하여 수록한 교과서를 달달
외운 아이가 같은 성과를 거둔다면 그것이 오히려 이상한 일일 것이다.

서점에 소비자는 없다

우리가 사는 사회는 자본주의 사회다. 그리고 자본주의 사회의 지배자는 정치가도 아니요, 학자도 아니다. 자본가, 즉 생산자다. 그래서 눈에 보이기에는 정치인·법조인·교수가 어깨에 힘을 주고 사는 듯 보이지만 궁극적으로 그들을 보이지 않는 손으로 조종하고 지배하는 것은 자본가들이다. 이를 아담 스미스는 '보이지 않는 손'이라고 했던가?(이 질문은 풍자다. 정말 아담 스미스가 자본가를 보이지 않는 손이라고 했다는 터무니없는 말을 곧이듣지 않으시길 바란다. 아담 스미스는, 경제를 움직이는 내재율을 '보이지 않는 손'이라고 말했는데, 솔직히 필자는 그게 그거라고 생각한다.)

그렇다면 시민은 정당한 대우를 받고 있는가? 아니다. 기업, 즉 자본가 시각에서 보면 시민이란 존재는 없다. 오직 소비자만 있을 뿐이다. 여러분도 잘 생각해보시기 바란다, 자신이 시민으로 대우 받고 있는지 소비자로 인식되고 있는지. 그리하여 우리 사회에서 는 시민이라는 단어보다 소비자란 단어가 훨씬 자주 쓰인다.

그렇다. 자본주의 사회에 거주하는 시민은 지갑을 열고 물건을 사는 한도 내에서 인간 취급을 받는다. 소비하지 못하는, 또는 안 하는 사람은 인간 대우를 받지 못한다. 필자의 말이 조금 낯설게 느 껴질지 모르겠지만 잘 생각해보면 정답 아닌가? 값비싼 호텔에 돈 한 푼 없어 보이는 노숙자가 들어갈 수 있다고 여기는가? 명품으로 온몸을 치장한 사람과 노숙자 차림의 사람이 동시에 들어서는 순 간에는 두 사람 모두 호텔에서 한 푼도 소비하지 않은 상태다. 그럼 에도 노숙자 차림의 사람은 쫓겨나고 만다. 겉모습을 통해 그는 이 미 인간으로 취급받지 못하는 것이다. 호텔에 국한된 이야기가 아 니다. 수많은 곳에서 이런 일이 벌어지고 있다. 음, 이런 사회비판 적인 넋두리를 잠깐 늘어놓는 것은 책을 많이 읽은 사람의 생각이 얼마나 기이할 수 있는가를 알려드리기 위함이다.

주제로 돌아가자. 모든 상품의 구매자는 모두 소비자다. 그런데 단 한 가지 상품, 즉 책의 구매자는 소비자가 아니다. 그렇다면?

맞다. 독자讀者, '읽는 사람'이다. 세상에 존재하는 모든 상품 가 운데 유일하게 책의 구매자만 소비자란 일률적인 개념 속에 무차 별적으로 포함되지 않는 것이다. 이 얼마나 위대한 사건인가! 자본 주의 사회를 지배하는 자본가조차도 감히 물건을 사는 소비자로 여기는 것이 아니라 책을 읽는 인간으로 대우한다는 사실! 그것이 바로 책을 구입하고 읽는 인간이 위대한 존재요, 독립적인 존재이며, 능동적으로 자신의 삶을 세우는 존재라는 것을 보여주는 극명한 예인 것이다.

지구 상에 존재하는 수십억 소비자 가운데 한 사람으로 잊히고 싶다면 그저 먹을 것, 입을 것, 몸에 두를 것을 열심히 사 모으면 된다. 수십 억 인구 가운데 그 누구에게도 무시당하지 않고 그 누구에게도 간섭받지 않으며 나만의 삶·나만의 세상·나만의 역사를 이루고자 한다면, 그 어떤 것을 살 돈이 없더라도 책은 읽으실 일이다. 어디서? 도서관에서. 그리고 한 푼의 돈이 생긴다면 배를 채울 컵라면보다 머리를 채울 한 권의 책을 사야 한다. 그리하면 내 머리가 무거워질 것이요, 내 아이의 미래가 환하게 밝아올 것이다.

외울 필요 없는 교양서, 외워도 외워도 안 외워지는 교과서

많은 부모님들께서는 인성교육이니 전인교육이니 하는 구호보다 독서가 학습 발달에 큰 기여를 한다고 믿기에 아이들의 독서 교육에 관심을 갖는다고 필자는 생각한다. 다시 말하지만 필자는 공부 잘하는 아이가 대우받는 사회보다는 품성 좋은 아이가 대우받는 사회를 꿈꾼다. 왜냐하면 우리 사회가 모든 분야에서 오늘날처럼 덜컹거리는 가장 큰 이유는 공부 잘한 사람들이 탐욕과 반지성反知性, 이기利己와 기득권 수호라는 천박한 가치관을 훈련받고 이를 실천하는 데 앞장선다고 믿기 때문이다.

그렇다면 우리는 그런 천박한 인간이 되지 않기 위해 좋은 글을 읽으면서 음풍농월吟風弄月 하는 선비로 살아가야 할까? 결코 그래서는 안 된다. 그렇다면?

그렇다. 공부를 그 누구보다 잘한 후, 그 지식을 바탕으로 인간에 대한 사랑과 지성, 이타와 화해를 이 사회에 구현해야 할 것이다. 그리고 그런 인간이 되기 위해서는, 대치동 학원가에서 새벽까지 컨베이어 시스템이 공급하는 지식을 암송하거나, 교과서와 참고서에 매몰된 채 오직 영어 단어 2000개와 수학 해법 200개를 외우는 방법으로 뛰어난 학습 성과를 거두어서는 안 될 것이다.

그럼 어떤 방법으로 공부를 해야 두 마리 토끼를 다 잡을 수 있을까? 간단하다. 선진 각국이 경험하고 확인했듯이 다양한 독서를 통해 인류의 진보를 이룩하고 이웃을 바라보는 방법을 습득해야 한다. 자신의 지식을 단편적인 것이 아니라 통합적이며 전체적인 것으로 만들어야 한다. 그러기 위해서 우리는 독서라는 불변의 방식을 채택하는 것이다. 독서를 통한 교육만이 전인적인 사고, 전인적인 삶, 전인적인 지성을 가능하게 한다. 그래서 독서를 통해 뛰어난 학습 효과를 거둔 아이들은 성인이 된 후에도 자신이 가고자 하는 길을 결정하며 그 목적지까지 자율적이고 효율적으로 갈 줄 알게 된다.

"《몽실언니》 한 권 읽고 나서 줄거리 외운 사람?"

"안 외워도 줄거리 다 기억나는데요."

"그럼 교과서 한 쪽 다 외우는 사람?"

"안 외워져요."

그렇다. 스스로 선택해서 한 독서의 결과 200쪽 가까운 책 줄거리가 자연스럽게 떠오르는 반면 교과서는 한 쪽도 외우기가 힘들다. 이건 필자의 이론이 아니라 강연에서 만난 아이들 모두가 이야기하는 내용이다.

"그럼 교과서 한 권을 공부할래, 아니면 읽고 싶은 책 100권 읽을래?"

이 질문에 대한 답은 누구라도 예상할 수 있을 것이다. 필자는 이미 수많은 강연을 통해 그 답을 확인했다. 독서광인 아이들이 단순히 좋은 성적만이 아니라 선행학습이니 논술이니 글짓기니 하는, 인간의 지성을 구성하는 모든 면에서 두루 뛰어난 성과를 거두는 까닭이 바로 여기에 있다. 100권의 책을 통해 한 지식이 형성되기까지 필요한 배경으로부터 역사·전개 과정·결과에 이르는 내용을 능동적으로 습득한 아이와, 지식 가운데 꼭 필요한 부분만을 통조림처럼 박제화剝製化하여 수록한 교과서를 달달 외운 아이가 같은 성과를 거둔다면 그것이 오히려 이상한 일일 것이다. 게다가 100권의 책을 읽을 때는 재미를 느끼는 데 비해, 단 한 권으로 이루어진 교과서는 재미를 느끼기는커녕 오히려 압박감을 느끼니 어떤 방식을 선택해야 하는지는 불을 보듯 뻔하다.

그런데 한 가지, 책값이 너무 많이 드는 단점이 있다. 그러나 책값이란 것은 학원비나 과외비에 비하면 조족지혈鳥足之血이요, 구우

일모九牛一毛다.

아이가 공부 잘하기를 바라시는가?

아이가 성적만 좋은 게 아니라 합리적인 사고력을 갖추고 조리 있는 말솜씨를 갖추기 원하시는가?

아이가 자신의 삶을 스스로 설계하고 개척하며 실천에 옮기는 능력을 갖기 원하시는가?

그렇다면 학원 대신 도서관으로 안내하실 일이다. 초등학교를 졸업할 때까지 1000권의 책을 읽으면 그 아이의 미래는 탄탄대로를 달린다고 믿으셔도 좋다. 1000권의 책이 너무 많다고 느끼신다면 그건 부모님이 먼저 독서를 하셔야 함을 의미한다. 책 1000권을 6년으로 나누면 160권 정도다. 이는 이틀에 한 권 정도 읽으면 되는 양이다.

그런데 책이란 게 앞서도 언급한 바 있지만 처음 진입할 때 속도의 문제가 야기되지 한번 속도를 내기 시작하면 전혀 걱정하지 않아도 될 만큼 빨라진다. 아니, 나중에는 독서에 지나치게 몰입하는 것을 우려하실 정도가 될 것이다. 이러한 우려는 독서광을 키우는 부모님들이 대부분 경험하시는 것이다. 밥상에서도 책, 화장실에서도 책, 하물며 놀러 가서도 책을 펴는 아이를 어찌해야 할 것인지 고민할 정도가 되는 것이다. 그러나 이러한 고민은 행복한 고민이다. 그 정도 된 아이가 성적 때문에 걱정한다는 얘기를 필자는 단 한 번도 들어본 적이 없다.

게다가 초등학생용 도서의 경우, 특별한 책이 아니라면 썩 두껍지 않다. 그래서 집중력이 좋아진 아이는 하루에 두 권도 읽는다. 필자의 친척 가운데는 초등학교 때의 독서습관을 이용해 중학교 2학년 이전에 백과사전 30권을 전부 읽은 친구도 있다. 당연히 학원 갈 시간이 없었는데, 나중에 신촌에 있는 대학 의대에 입학했다.

뻔히 알면서도 실천하지 않는 것은 아이들에게 죄를 짓는 것

필자는 일반적인 청소년 학습, 즉 '학습지-학원-과외'의 과정을 거치지 않고 자유롭고도 주체적인 방식으로 청소년 시절을 보낸 후 대부분의 학부모가 원하는 소위 SKY급 대학에 입학한 아이들을 무수히 보았다.

그 가운데 대표적인 경우를 살펴보겠다. 물론 이들은 필자 주위에 실제로 존재하는 친구들이다. 무슨 의료기나 정수기 장사처럼 있지도 않은 사람 명의로 그럴 듯한 체험담을 쓰는 게 아니다. 원하신다면 이름까지 기재할 수 있지만 그건 예의가 아니다. 그 친구가 원치 않을 수도 있으니 말이다. 다만 개인적으로 필자에게 문의하는 분께는 답할 수 있다.

필자 친구 가운데 한 친구는 중학교 교사다. 그런데 이 친구가 도서관 담당 교사를 맡았을 때 독후감 대회를 했다고 한다. 원고를 마감하고 아이들이 쓴 독후감을 읽어 내려가는 고역을 감수하고 있을 때-앞서 살펴보지 않았는가? 우리 아이들에게 독후감은 아무 의미 없는 글쓰기 숙제에 불과하다고. 그러니 그런 마음가짐으로 쓴 독후감을 읽는 사람은 재미있겠는가 –갑자기 부모님이 써준 독후감 한 편이 눈에 들어왔다. 작품은 김주영의 《홍어》. 이 친구 또한 글 쓰는 데는 주위의 인정을 받을 정도였는데, 그가 깜짝 놀랄 정도였으니 어땠겠는가? 즉각 그 친구를 불러 자초지종을 물었다고 한다.

"너 이거 부모님이 써주셨지?"

"아니요, 제가 썼는데요."

"이 녀석이 거짓말까지?"

하기야 그 친구 성적이 전교에서 한 자리 할 정도면 그래도 믿음이 갔을 텐데 고작 반에서 10등 내외에 머물 정도였으니 어찌 믿을 수 있겠는가. 그렇지만 대화를 나눌수록 이 친구가 책을 많이 읽었다는 사실을 확인할 수 있었고 결국 독후감의 필자가 그였다는 사실을 인정하게 되었다. 후에 그 친구의 부모님을 알게 되었다. 두 분이 모두 대학교수였는데, 일반인들이 상상하는 그런 교수가 아니었다. 아이는 저 알아서 사는 것이니 학원이니 과외니 하는 것은 부모님 머릿속에 아예 없었고, 두 분은 사회변혁을 위해 자나 깨나 밖에서 소위 활동가들과 어울리며 살았다. 그러니 교수 부모 덕분에 글 잘 쓰게 되었다는 편견 따위는 갖지 마시기 바란다. 다만 집에 책은 많이 있었다. 그리고 중학교에서 담임선생님이 별 관심을 가지지 않을 만큼의 성적을 거두던 그 친구는 고등학교에 가면서 갑자기 두각을 나타내더니 S대에 입학했다. 물론 학원이나 과외의 도움은 전혀 없었다.

왜 독서광은 고등학교에서 더욱 두각을 나타낼까?

이쯤에서 독서교육이 실제로 어떻게 학습 분야에서도 탁월한 효과를 거두는지 알아보자. 앞서 잠깐 독서광인 친구들이 대학수학능력시험 언어 영역과 외국어 영역 분야에서 어떻게 두각을 나타내는지 살펴본 바가 있다. 그런데 그뿐이 아니라 대학수학능력시험이란 게 전체적으로 통합교과과정에 대한 이해 여부를 확인하는 방식으로 전환하고 있다. 무슨 이야기인가 궁금하신가? 다음 문제들을 한번 살펴보자.

[2010 수학능력평가 언어 영역]

8. 〈보기〉의 자료를 활용하여 '학생들의 글쓰기 능력 신장'이란 주제로 글을 쓰려고 한다. 토의한 내용으로 적절하지 <u>않은</u> 것은?

───── 〈보기〉 ─────

(가) 신문 보도 내용

'인터넷에서 타인의 글을 무단으로 복사해 자신이 직접 작성한 과제물인 것처럼 제출한 경험이 있다'고 응답한 학생들이 89.1%에 이른다. 그 주된 이유로 '글쓰기에 대한 자신감이 없고 두려워서', '글쓰기 경험이 부족해서' 등을 들었다.

(나) 통계 자료

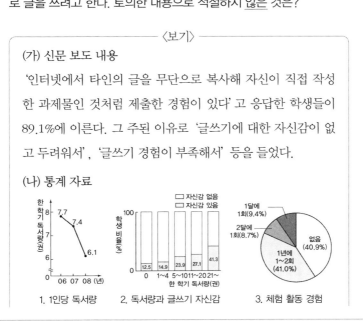

(다) 연구 자료

1. 체험 활동은 배경 지식을 형성하여 문제 해결력 및 사고력 신장에 큰 도움을 줌.

2. 글쓰기에는 자신감, 사고력, 어휘력, 글쓰기 경험, 글쓰기 환경 등이 영향을 미침.

① (가)를 활용하여, 학생들의 잘못된 글쓰기 태도를 지적하고 논의의 필요성을 드러내야겠어.

② (가)와 (나)−1, 2를 활용하여, 독서량 감소가 글쓰기 능력과 관련한 문제의 원인 중 하나임을 밝혀야겠어.

③ (나)−3과 (다)를 활용하여, 체험 활동 경험이 늘어나면 글쓰기에 필요한 사고력 형성에 도움이 될 수 있음을 제시해야겠어.

④ (나)−1과 (다)−2를 활용하여, 어휘력 부족이 독서 기피의 한 원인임을 밝혀 어휘력을 길러 줄 수 있는 교육 프로그램의 필요성을 제시해야겠어.

⑤ (나)−2와 (다)−2를 활용하여, 글쓰기에 필요한 자신감을 신장시키기 위해 책을 많이 읽도록 권장하는 것이 바람직한 해결책임을 제시해야겠어.

2. 그림은 화성 탐사선 '마스 글로벌 서베이어 호'가 촬영한 화성 표면 전체의 모습을 나타낸 것이다.

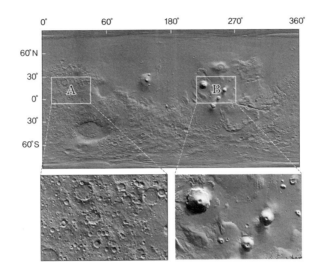

이 자료에 대한 설명으로 옳은 것만을 〈보기〉에서 있는 대로 고른 것은?

─────── 〈보기〉 ───────

ㄱ. 평탄한 지역의 면적은 남반구가 북반구보다 넓다.

ㄴ. A에는 운석 충돌, B에는 화산 분출에 의해 형성된 지형이 뚜렷하게 보인다.

ㄷ. 탐사선이 화성을 궤도 선회하면서 촬영한 자료이다.

① ㄱ　　② ㄷ　　③ ㄱ, ㄴ　　④ ㄴ, ㄷ　　⑤ ㄱ, ㄴ, ㄷ

30. 다음 그림에 대한 글의 내용 중, 밑줄 친 낱말의 쓰임이 적절하지 않은 것은?

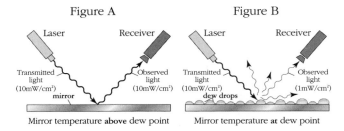

Figure A   Figure B

Figures A and B demonstrate how dew point is measured by a dew point hygrometer. In Figure A, light is transmitted from a laser and ① <u>reflected</u> off the mirror onto a receiver that measures the intensity of the observed light. When the mirror temperature is above dew point and the intensity of the transmitted light is 10 mW/cm², the intensity of the observed light is ② <u>the same</u>. In Figure B, when the mirror temperature is at dew point, dew drops cover the ③ <u>surface</u> of the mirror. When the transmitted light hits the dew drops, it becomes ④ <u>scattered</u>. As a consequence, compared to the intensity of the transmitted light, that of the observed light measured by the receiver is ⑤ <u>increased</u>.

* hygrometer: 습도계   ** mW/cm²: 빛의 세기 단위

위 문제들을 보시면 한눈에 파악할 수 있는 사실이 있으니 영어 시험인지 과학 시험인지, 국어 시험인지 사회 시험인지 애매하다는 것이다. 물론 질문의 본질은 언어고 영어겠지만 그 내용은 과학적인 것과 사회적인 것이 두루 포함되어 있다. 이런 것이 통합교과 과정이란 교육 방식이니, 당연히 단답식 학습을 통해서는 해결하기 어려운 문제인 것이다.

그런데 이런 방식의 교육은 고등학교에 들어가면서 본격적으로 전개된다. 사실 다양한 독서를 통해 창의력과 이해력, 비판력을 키운 아이들도 중학교에서는 능력을 발휘하기 힘들지도 모른다. 중학교에서는 학원과 과외, 학습지를 통해 무조건적인 반복과 암기 교육을 받은 아이들에게 밀릴지도 모른다는 말이다. 그러나 고등학교에 가는 순간 이런 상황은 역전된다. 바보처럼 책이나 읽고 공부 안 하던 아이들이 고등학교에 입학하면서부터는 놀라운 성적을 거두는 것이다. 물론 이 친구들은 공부를 잘하겠다고 입술을 꽉 깨물지도 않는다. 그저 자연스럽게 문제가 이해되고 해결 방안을 스스로 찾아낼 수 있었던 것이다. 이런 실제적 효과가 없다면 어찌 필자가 여러분께 학습지·학원·과외 대신 독서를 권장하겠는가. 훗날 그 책임을 어찌 지려고.

독서광 옆집 아이를 무시하거나, 우리 아이 책 사주거나

강연에서 학부형들에게 던지는 질문 가운데 하나가 또 있다.

"옆집 순돌이가 공부 안 하고 매일 책만 읽으면 기분이 어떠세요? 공부 안 하고 책만 읽는다니 다행이다. 우리 경철이보다 공부를 못 하겠구나, 하는 생각이 드세요, 아니면 저 녀석이 분명 공부를 잘할 것 같아서 속으로 걱정이 태산이세요?"

대답은 한결같다. 분명 그 녀석이 공부를 잘할 것 같다는 것이다. 지금도 그럴 것 같고, 만일 지금 그렇지 않다면 후에 그렇게 될 것 같이 생각되어 질투심이 일어난다고 한다. 질투하는 것을 탓할 일은 아니다. 원수를 사랑하고 남의 즐거움을 나의 즐거움으로 받아들이는 것은 예수님이나 부처님 몫이다.

그런데 우리 딸 춘향이가 학원 가서 열심히 공부하는 동안, 학원은커녕 집안에 앉아 책이나 읽고 있는 옆집 딸 향단이를 보면 왜 불안할까? 왜 향단이가 춘향이보다 공부를 잘할 것 같은 느낌이 드는가? 이상하지 않은가. 분명 책 읽는 것보다는 학원 다니는 것이 더 공부에 도움이 될 듯한데 말이다.

결론적으로 말하면 그 불안감은 정확한 것이다. 책을 많이 읽는 아이가 학원에서 새벽까지 공부하고 오는 아이를 이길 거라고 느껴지는 그 판단력이 옳은 것이라는 말이다. 그리고 그 판단력이 논리적으로 확인되기도 전에 우리는 직감적으로 안다. 마지못해 학원에 가는 우리 아이보다 집에서 저 좋아하는 책 읽는 아이가 향후 더 공부도 잘하고 더 훌륭한 젊은이로 클 것이라는 사실을.

그런데 왜 우리는 아이에게 자유와 자율과 책 대신 강제와 억압과 학원을 제공하는 것일까? 게다가 그 방식이 돈도 더 드는데.

왜 그럴까? 바로 아이들을 못 믿기 때문이다. 향단이는 자율적으로 잘하지만 우리 춘향이는 가만두면 게임이나 하고 연예인이나 쫓아다닐 것 같아서다. 향단이는 남의 자식이니까 학교 갔다 온 후 두어 시간 클래식을 들으며 쉬는 것이 멋져 보이지만, 우리 춘향이가 학교 갔다 와서 두어 시간 클래식을 듣는 모습을 보면 '아니, 쟤가 이 소중한 시간에 웬 음악이야? 클래식에서 돈이 나와 점수가 나와?' 하는 조급증이 발동하기 때문이다. 향단이는 결과만 보이니까 객관적인 판단이 가능하지만 우리 춘향이에 대해서는 과정이 소상히 보이기 때문에 객관적인 판단 이전에 주관적인 개입을 하지 않으면 불안·초조·강박이 찾아오기 때문이다.

바둑과 장기에서만 훈수 두는 사람이 잘 보이는 게 아니다. 자신이 그 속에 함몰되면 그 누구도 제대로 이성적인 판단을 하기 어렵다. 그러니 우리가 진정 현명한 부모가 되기 위해서는 그렇게 하려고 무진 노력을 해야 한다.

독서에 몰두하는 옆집 향단이를 무시하거나 우리 춘향이도 학원 대신 책을 사 줄 일이다. 그렇지 않을 거라면 향단이를 질투하지도 말고, 훗날 춘향이가 독립적인 판단을 못 하고 부모 곁에서 캥거루처럼 안주해도 비난하지 말 일이다. 아니 땐 굴뚝에 연기 나지 않고, 핑계 없는 무덤 없다.

우리 아이들이 행복해지는 길

　　서양 선진국에서는 아이가 학교에 들어가면 스스로 일을 하도록 자립심부터 길러준다고 한다. 일본에서는 아이가 학교에 들어가면 가장 먼저 남에게 피해를 주지 않는 것에 대해 배운다고 한다. 우리나라에서는 학교에 들어가면 '공부 열심히 해서 출세하고 돈 많이 벌어야 한다'는 걸 부모와 학교로부터 듣고 배운다.

　　그렇게 해서 우리 아이들이 모두 출세하고 돈 많이 벌 수 있다면 얼마나 좋을까? 그러나 세상 이치에 따르면 그럴 수 없다. 결국 출세 못 하고 돈 못 버는 90%의 국민은 불행하다고 느끼게 된다. 왜? 어려서부터 들은 말이 높은 지위에 오르고 돈 많이 벌어야 행복하다는 말이기 때문이다.

　　그리고 그런 분명한 사실조차도 모르는 탐욕스러운 어른들, 지배계층의 막무가내식 청소년 몰아세우기 탓에 1년에 수백 명의 청소년(이 가운데는 초등학생도 포함된다)들이 스스로 목숨을 끊고 있다. 이 친구들의 죽음이 과연 누구 탓일까? 우리는 언제까지 아름답고 반짝이는 아이들을 거짓의 지하실에서 사육해야 할까?

　　우리에게 온갖 풍요를 누리게 해주었던 지구 상의 모든 자원이 바닥을 드러내는 이 순간에도 우리 사회는 청소년, 나아가 우리 스스로에게 검소와 절약, 소박과 동행을 가르치기보다는 사치와 향락, 풍요와 이기를 가르친다.

　패배는 물론 무승부조차 용납되지 않는 사회,

　평등은커녕 공존조차 용납하지 않는 사회,

　배려와 예의는커녕 수치심도 모르는 사회.

　이런 사회는 탐욕스러움밖에 모른 채 살아온 우리 기성세대에서 끝내야 한다. 이는 특별히 우리가 도덕적이고 착하게 살아야 천당이니 극락을 가기 때문이 아니다. 그렇게 살아야만 우리 아이들이 행복해지기 때문이다. 그렇게 살아야만 우리 아이들이 살아갈 터전이 마련되며 그 아이들의 아이들, 아이들의 아이들의 아이들이 영원히 행복을 가꿀 수 있기 때문이다. 남보다 내가 더 차지하고 더 높은 자리에 오르고 더 부자가 되고 더 좋은 차를 타면서 으스대야 행복해지는 게 아니다. 그런 것에서 행복을 찾고자 하면 행복은 세계에서 단 한 사람, 즉 가장 높고 가장 많이 가진 사람만이 누릴 수 있다.

　그러나 책을 읽으면 그런 데서 행복을 찾지 못할 거라는 걸 쉽게 깨달을 수 있다. 그리고 모두가 행복해지는 길을 찾게 된다. 물건

팔아먹고자 허위와 거짓, 탐욕을 그럴듯하게 포장한 광고를 하는 광고주가 좌지우지하는 TV 연속극 대신 수천 년 동안 인류 공동으로 자신들이 깨달은 지혜와 지성을 담은 책을 읽는 까닭이 여기에 있다.

길게 이야기할 필요가 없을 것이다. 우리 모두가 행복해지는 가장 쉬운 길이자 유일한 길은 바로 책을 읽고 지성과 지혜를 깨치는 것이다. 그래서 책을 읽는 것이다.